Metamorphose
Die pränatale Therapie

Robert St. John

Metamorphose
Die pränatale Therapie

mit einem Vorwort
von Dr. med. H. P. Greb

SYNTHESIS VERLAG

Übersetzung aus dem Englischen von Christine Rassmann
Titel der Originalausgabe: Metamorphosis – a text book on Prenatal Therapy

Synthesis Verlag
Postfach 143206, 45262 Essen

Satz: Typographischer Betrieb ZERO, Rheinberg
ISBN 3-922026-25-7

CIP-Kurztitelaufnahme der Deutschen Bibliothek

Saint John, Robert:
Metamorphose, die pränatale Therapie / Robert St.
John. [Aus d. Engl. von Christine Rassmann]. — 1.
Aufl. — Essen : Synthesis-Verl., 1984.
Einheitssacht.: Metamorphosis ⟨dt.⟩
ISBN 3-922026-25-7

Inhalt

Geleitwort

Robert St. John stellt sich hier mit dem holistischen Ergebnis seiner langjährigen Heilpraxis vor. Er ist ein nichtakademisch suchender und sensitiv behandelnder Therapeut. Er ist ein Vermittler jener Einstellung zum Leben, in der wir uns nicht als »Heiler«, sondern als Katalysatoren von Prozessen, die in der Individualgeschichte blockiert wurden, verstehen lernen.

Es ist Robert St. Johns kongenialer Verdienst, sichtbar gemacht zu haben, daß diese Individualgeschichte schon vor unserer Geburt, ja vor unserer Zeugung beginnt. Wasserbabies, Rebirthing und rückführende Hypnosen sind Fühler in die gleiche Richtung.

Akademische Mediziner und Wissenschaftler übertrugen ihr historisierendes, biologistisch positivistisches Bild einer von Mutationen gesteuerten Ur- und Frühgeschichte der menschlichen Rasse auf die embryonale Geschichte der Individuen. Die Folge davon war, daß sie Methoden entwickelten, die dazu dienten und dienen, die Funktionen der Maschine Mensch zu erhalten und die Psychen zu manipulieren.

So wie die Psychoanalyse das Prozessuale, den Weg des Individuums nach der Geburt transparent macht, so gibt uns die »Pränatale Therapie« Einblick in die Individualgeschichte vor der Geburt. Mit der »Metamorphosetechnik« wird es sogar möglich, die Art der individuellen Einstellung zum Leben im Zeitpunkt der Konzeption zu erahnen.

Robert St. Johns Therapie und Methode sind in ein hoch meditatives Setting eingebunden, bei dem der Behandelnde über Kopf, Hände und besonders die Füße des Behandelten Kontakt aufnimmt mit den im Körper gespeicherten lebensgeschichtlichen Informationen. Dieser subtile Kontakt gibt Raum und Zeit für differenzierte Wahrnehmungen auf Seiten des Behandlers. Dem Behandelten, das zeigen die Ergebnisse, wird so etwas wie eine innere Schau auf sein ursprüngliches Potential an Lebensenergie ermöglicht. Über eine Spiegelung im Lebendigen des Anderen, der sich nicht mit den Blockaden identifiziert, es auch nicht kann, da sie höchst individueller Art sind, erhält der Leidende Anschluß an seine eigene Energie. D.h., der Behandelte empfängt über die gerichtete Berührung des ganzheitlich denkenden Behandlers den Impuls, seine Entwicklung an der Stelle fortzusetzen, an der sie bisher blockiert war.

Das Lesen dieses Buches gibt einen Einblick in Robert St. Johns Entdeckung, kann aber das weite Spektrum intuitiver Erfahrungen durch die Praxis nicht ersetzen. Diese Erfahrung wird generell zu einem neuen Verständnis therapeutischer Behandlung führen — ich werde selbst heil, während ich den anderen heile.

Oktober 1984 *Dr. med. H. P. Greb*

Vorwort

Nachdem ich dieses Buch fertiggeschrieben habe und es in gedruckter Form lese, fühle ich mich ein wenig, wie jemand, der dieser Denkweise zum ersten Mal begegnet: verwirrt, interessiert und wirklich fasziniert von einigen Aspekten. Vor allem aber überrascht davon, wie eine neue Art des Denkens, eine neue Art, den Lebensweg und insbesondere die möglichen Veränderungen des Lebensweges zu betrachten, etwas verändern kann, und zwar sowohl in bezug auf die Gesundheit eines Menschen als auch in bezug auf seine Fähigkeiten.

Aber ich kann auch sehen, wie — als Ergebnis meiner Arbeit — die Bewußtseinshaltung zukünftiger Generationen allmählich kreativer und konstruktiver wird, wie ihre Lebensweise zu einem Werk ihres eigenen Willens werden kann und wie sie die kreativen Kräfte der Natur positiv und systematisch anzuwenden lernen.

Die Möglichkeiten der Weiterarbeit sind unbegrenzt; dieses Buch öffnet den Weg, zu einer neuen Denkrichtung und lehrt gleichzeitig einige ihrer Methoden.

Ich habe vielen Menschen zu danken, die mir bei der Entwicklung dieser Gedanken, bei der Technik ihrer Verwirklichung und beim Schreiben des Buches geholfen haben. Zuerst und vor allem möchte ich meiner Frau Jeannie danken, die in bezug auf meine Arbeit immer weiter vorausschauen konnte als ich selbst und die mich deshalb gedrängt und ermutigt hat, Wege zu verfolgen, die ich alleine nicht gegangen wäre. Sie ist auch verantwortlich für die Entwicklung der Behandlungstechnik der Hände. Während ich in dieser Hinsicht eigenartig blind war, erkannte sie die grundlegende Bedeutung dieser Technik. Sie beharrte auch auf der Wichtigkeit der Behandlung des Kopfes, mit der ich mich zwar schon befaßt hatte, die aber in ihren Anfängen steckengeblieben war.

Ich habe immer sehr viel von meinen Schülern und Klienten gelernt, sowohl aus ihren Schwierigkeiten als auch aus ihren Beobachtungen und Fragen und aus der Tatsache, daß alle Schüler anders an diese Arbeit herangehen und damit neue Betrachtungsweisen eröffnen. Ich habe immer betont, daß diese Arbeit ausreicht, um die notwendigen Veränderungen in uns herbeizuführen, und daß, wenn überhaupt, wenig zusätzliche Behandlungsweisen erforderlich sind. Meine Schüler haben sich nicht immer an diesen Rat gehalten, aber im großen und ganzen haben sie das zugrundeliegende Prinzip erkannt und andere Formen der Behandlung auf kreative Weise angewandt.

Die redaktionelle Überarbeitung dieses Buches verdanke ich größtenteils Wendy Graham. Einige der Zeichnungen habe ich selbst gemacht, die detaillierteren und professionelleren stammen jedoch von Lamar Broomer, der auch das Titelbild zeichnete. Allen Beteiligten, ohne deren Hilfe dieses Buch nicht hätte erscheinen können, möchte ich an dieser Stelle herzlich danken.

Robert St. John

Einleitung

Die »Pränatale Therapie« ist eine Technik und eine Methode, um einen Zugang zur pränatalen oder formativen Periode des Lebens zu gewinnen. Der Zeitraum vor unserer Geburt ist die formative Periode, in der unser Körper gebildet wird, in der sich aber auch bereits die Mängel in unserer mentalen und physischen Struktur fixieren. Pränatale Therapie ist eine Technik, durch welche diese formative Periode in den Brennpunkt gerückt, gelöst und verändert wird.

Grundlage dieser Methode ist ein altes chinesisches Behandlungssystem der Füße. Diese Methode ist im Westen unter dem Namen *Zone Therapy* oder Reflexzonentherapie bekannt. Durch meine Arbeit mit dieser Therapieform habe ich ein revolutionäres Prinzip entdeckt: In dem Teil der Füße, der mit der Wirbelsäule korrespondiert, findet sich auch eine Entsprechung zur pränatalen Zeitperiode. Das bedeutete, daß ich in demselben Maße, in dem die Reflexzonentherapie Spannungen und Belastungen des Körpers durch Behandlung der Füße lösen kann, nun dasselbe für den pränatalen Zeitraum tun konnte. Daher der Name »Pränatale Therapie«.

Die hierzu erforderliche Arbeit als Ganzes nenne ich »Metamorphose«, denn das ist es, was geschieht: Durch das Mittel der Pränatalen Therapie, einer rein physischen Behandlung, kann eine vollständige Metamorphose (= Umwandlung) der Lebensweise und der Einstellung zum Leben stattfinden, eine Auflockerung der erlebten Zeitstruktur, eine Lösung des Festgehaltenseins in der Zeit, das uns nicht erlaubt, die Gegenwart des Lebens zu erfahren, und damit schließlich eine Befreiung aus dem Gefängnis der Zeit, in dem der Mensch sich befindet. Dies führt zu einer natürlichen und spontanen Befreiung von den Schranken des Bewußtseins und zum freien Gebrauch der ursprünglichen Fähigkeiten der Psyche.

Zwischen der amerikanischen *Zone Therapy* und der europäischen Reflexzonenbehandlung gab es hinsichtlich der Lokalisierung der Reflexe in den Füßen viele Unterschiede, obwohl die Behandlungstechnik und die Resultate in jeder Hinsicht dieselben waren. Indem ich mich um beide Versionen nicht groß kümmerte und die Techniken für mich selber erforschte und entwickelte, fand ich ein System, das hinsichtlich der Lokalisierung der Fußreflexzonen dem europäischen System ähnelte, das jedoch viel tiefer in das Wissen um die Struktur der menschlichen Krankheiten eindrang und mit dessen Hilfe ich in der Lage war, sowohl psychologische wie physiologische Probleme zu behandeln.

Der Wechsel von der physischen Struktur zur Zeitstruktur brachte ein ganz neues Element in den Heilungsvorgang: Die physische Struktur wurde gegenüber der Zeit, das heißt der ständig fortschreitenden Handlung zweitrangig. Ich entdeckte, daß die Behandlung den Zeitfaktor lockerte und unter bestimmten Bedingungen Veränderungen möglich wurden.

Zeit ist Handlung oder Veränderung. Solange der Mensch sich durch die Zeit bewegt, ist er sichtlich gesund. Je mehr er in der Zeit festgehalten ist, desto weniger gesund ist er. In der Zeit festgehalten sein heißt, daß das Bewußtsein an irgendeinen Augenblick gebunden bleibt, der fünf Minuten zurückliegen oder ein Element eines anderen Zeitalters sein kann.

Die Zeitstruktur in jemandem lockern zu können bedeutet, das Potential von Veränderung und Bewegung zu mobilisieren, die Möglichkeit, sich auf den gegenwärtigen Zeitpunkt zuzubewegen. Diese Vorwärtsbewegung ist dem Menschen angeboren — ein bewußter und unbewußter Wille oder Trieb, sich zum Besseren zu verändern.

Da die Behandlung meist durch eine andere Person erfolgt, kommt deren Wille auch ins Spiel, und in manchen Fällen ist dieser von ausschlaggebender Wichtigkeit, zum Beispiel bei der Behandlung zurückgebliebener Kinder. Geistig schwer Zurückgebliebene haben wenig oder keinen bewußt funktionierenden Willen und sind den Einflüssen, die über ihr Wohlbefinden bestimmen, ausgesetzt; ein sehr großer Teil ihres Bewußtseins ist in der Zeit fixiert. Um Aktivität zu bewirken und um ihre zeitliche Richtung zu bestimmen, ist der Wille oder die Absicht des Behandelnden wesentlich. Die Bewegung kann auch rückwärts gehen anstatt vorwärts, oder sie kann sich diffus in alle möglichen Richtungen zerstreuen. Der manipulative Aspekt, der sich aus diesem Zusammenspiel zwischen dem Willen oder Motiv des Behandelten und des Behandelnden ergibt, ist der ausschlaggebende Faktor.

Ein weiterer Faktor ist wichtig: Die Umgebung des Behandelten muß einigermaßen kreativ oder aktiv sein, muß so sein, daß die Gedanken und Gefühle des Behandelten progressiv und positiv angeregt werden.

Dieses Buch erklärt das System in allen Einzelheiten und liefert Beispiele und Illustrationen zum besseren Verständnis. Vieles, was Sie hier finden, stammt aus subjektiver Beobachtung. So können wir für rein physische oder mentale Phänomene nicht immer Beweise oder Erklärungen finden.

Manche Stellen verweisen auf esoterische Gedanken oder ungewöhnliche Denkrichtungen; wenn dies der Fall ist, so gebe ich gewöhnlich auch eine Erklärung dafür, warum dieser Gedankenweg gewählt wurde.

Der Mensch ist keine rein physische Struktur; er hat Leben in sich, und dieses Leben hat eine Quelle. Diese Quelle ist jedoch nicht unbedingt die, die von der christlichen Kirche oder vom Hinduismus, Buddhismus oder sonst einer Religion definiert wurde. Ich bin allen Denkrichtungen, Religionen und Philosophien, Behandlungsmethoden und esoterischen Konzepten zu Dank verpflichtet, ob ich nun mit ihnen übereinstimme oder nicht, denn sie haben mich in allen Fällen zum Nachdenken gebracht und dazu, in mich und in die universale Quelle des Denkens hineinzuschauen, die in uns allen liegt.

Nehmen Sie nie etwas als Dogma an; lassen Sie ihr inneres Wissen zur rechten Zeit hervortreten und erkennen Sie die Antwort in sich selbst. Alles Denken und Handeln ist in unser aller Bewußtsein noch vorhanden, die Schöpfung des Planeten selbst ist ein Gedanke und eine Handlung, die den Zellen unseres Körpers eingeboren ist. Dies sind Daten für uns, und zum wahren Leben müssen wir uns dieser Quelle bedienen können. Wir brauchen aber noch etwas anderes: Wir müssen unser Bewußtsein herausheben können aus dieser Masse von Daten, deren Großteil durch die Unwissenheit ihrer Zeit oder durch die Tatsache, daß sie vielleicht früher einmal richtig waren, aber heute nicht mehr zutreffen, stark entwertet ist; wir müssen über diese vorgefertigten und kontrollierten Gedankenmuster hinausreichen können zu einer befreiten Form des Bewußtseins. Darum geht es in dieser Arbeit — um die Auflösung der Blockierungen in der Zeit, durch die der Mensch seinen natürlichen und spontanen Platz in der Schöpfung eines körperlich und geistig gesunden Lebens wiedererhält und durch die auch dieser Planet von seinen Fixierungen in der Zeit befreit wird.

Die Reflexe

Reflex heißt Widerspiegelung. In diesem Buch hat das Wort die Bedeutung, daß eine Körperstelle oder ein Punkt des Körpers die Aktivität eines anderen widerspiegelt.

In der medizinischen Fachsprache bedeutet »Reflex«, daß durch die Stimulierung einer bestimmten Körperstelle über die Nerven eine Reaktion hervorgerufen und so das normale Funktionieren oder die allgemeine Normalität der betreffenden Person geprüft werden kann. In der Akupunktur ist der mit einer Nadel gestochene »Punkt« eine Stelle, die mit einem bestimmten Organ in Verbindung steht oder es widerspiegelt.

In der Pränatalen Therapie haben wir es mit den Punkten oder Stellen an Kopf, Händen und Füßen zu tun, über die wir den Funktionszustand bestimmter Körperorgane feststellen können. Wir können über diese Punkte auch Veränderungen in den betreffenden Organen hervorrufen. Diese Punkte heißen Reflexzonen.

Was sind diese Reflexzonen?

Es sind zahlreiche Versuche zur Erklärung dieser Reflexe unternommen worden, aber keiner ist wirklich zufriedenstellend. In der Akupunktur wurde die Erklärung gegeben, daß winzige Kanäle vom Reflexpunkt zu dem betreffenden Organ laufen; diese Erklärung ist jedoch nicht allgemein akzeptiert, denn solche Kanäle können nicht einmal durch ein Mikroskop sichtbar gemacht werden.

Die befriedigendste Erklärung ist vermutlich, daß jede Zelle eine Miniaturausgabe des ganzen Körpers ist und ein Bewußtsein sowohl ihrer eigenen spezialisierten Form als auch des ganzen Körpers hat.

Die Antwort, die ich auf diese Frage gefunden habe, ist folgende: Bei der Erschaffung des menschlichen Körpers wurde eine Kommunikationsmöglichkeit vom Körper als Ganzem mit und durch alle Körperteile geschaffen, die mit der äußeren Welt in Verbindung stehen. Diese Körperteile sind Kopf, Augen, Ohren, Nase, Mund, Hände, Brustwarzen, Genitalien, After und Füße.

Der Kopf kommuniziert insofern mit der Außenwelt, als er der Punkt ist, wo die vitale Kraft des Lebens und des menschlichen Bewußtseins in uns eintritt, der Gegenpol zur Erde, wo die physische Energie oder Lebenskraft herstammt. (Auf dieses Thema kommen wir noch in dem Kapitel über Polarität zu sprechen.) Am Kopf gibt es Punkte, die mit jedem Organ und daher zu jedem gegebenen Zeitpunkt mit der ganzen Funktionsweise des Körpers in Verbindung stehen. Die Kommunikationsqualität der Kopfreflexe ist von anderer Art als die der Hände und Füße; sie hat mit Führung und Verstehen zu tun.

Die Augen kommunizieren über das Sehen mit der Außenwelt, und sie sorgen für unser Raum- und Proportionsgefühl. In der Iris des Auges befindet sich ein vollständiges Muster der Funktion aller Körperteile, welches zur sogenannten Irisdiagnose benutzt wird.

Die Ohren kommunizieren über das Hören mit der Außenwelt. Sie sorgen dafür, daß wir miteinander sprechen und auch unsere Position im Verhältnis zu einer Geräuschquelle ausmachen können. Das innere Ohr hat eine andere Funktion: die des Gleichgewichtssinns. Dieser gibt uns ein Gefühl für unsere Körperstellung, besonders wenn wir uns in Bewegung befinden.

Die Nase kommuniziert über den Geruchssinn. Dies ist einer der weniger entwickelten Sinne des Menschen. Er wird jedoch schärfer, wenn der Mensch sein Bewußtsein von Blockierungen befreit.

Der Mund kommuniziert über die Sprache, über Essen, Küssen usw. Der ganze Kiefer und die Zähne haben eine starke Reflexaktivität.

Die Hände kommunizieren durch Berührung, Schreiben, Malen, Tun, Streicheln, Heilen. Sie sind Ausdruck der gesamten Handlungsfähigkeit. In den Händen befindet sich ein vollständiges Muster der Reflexzonen, so wie am Kopf und an den Füßen.

Die Brustwarzen kommunizieren mit der Außenwelt beim Stillen und im liebenden Kontakt zwischen Mann und Frau. Die Genitalien kommunizieren in der Fortpflanzung und ebenfalls im liebenden Kontakt. Hier finden wir auch die Funktion der Urinausscheidung, die ein wesentlicher Bestandteil des für das Leben so notwendigen Musters von Erschaffung und Zerstörung ist. Der After kommuniziert auf ähnliche Weise durch die sehr wichtige Ausscheidungsfunktion; zugleich ist er auch ein erotisches Zentrum.

Die Füße stellen die Kommunikation mit der Erde her, der primären Quelle von physischer Lebensenergie, die den Gegenpol zu der durch den Kopf empfangenen Energie bildet. In den Füßen liegt das ganze Muster von Reflexpunkten und -zonen, die den Schlüssel zu dieser Arbeit bilden. Hier liegt auch das Muster der Reflexe der Schwangerschaftsperiode. Die hauptsächliche Arbeit der Lockerung und der Neuorientierung geschieht an den Füßen. Hände und Kopf werden nur in dem Maße behandelt, in dem die ausführenden und die geistigen Fähigkeiten aktiviert werden sollen, die zu den durch die Fußbehandlung bewirkten Veränderungen gehören.

Wir arbeiten nur direkt an Kopf, Händen und Füßen, denn diese verkörpern die drei primären Funktionsweisen, durch die jede Art von Handlung ausgeführt wird. Durch den Kopf erreichen wir die Ziele und Absichten; die Fähigkeit zur Ausführung erreichen wir über die Hände, und das Prinzip des Tuns selbst, des Losgehens, der Bewegung erreichen wir über die Füße. Anders betrachtet kann man sagen: Die Arbeit an den Füßen produziert Aktivität im Körper, die Arbeit an den Händen produziert die Fähigkeit, diese Aktivität in Handeln umzusetzen, und die Arbeit am Kopf produziert die Fähigkeit, diese Aktivität zu verstehen und zu steuern.

Wie die anderen Reflexbereiche in das Gesamtmuster passen, ist für unsere Untersuchung nicht so wichtig. Es versteht sich von selber, daß über diese Reflexbereiche keine Behandlung erfolgen kann. In einer normal und reibungslos funktionierenden Struktur bringt der Gebrauch dieser Reflexbereiche, ebenso wie der der Hände und Füße und des Kopfes, eine Anregung der Reflexe mit sich. Die Reflexe befinden sich an Stellen, an denen wir mit der Außenwelt und mit anderen Menschen kommunizieren, und in dieser Kommunikation entsteht aus der physischen, geistigen und sogar psychischen Aktivität, die dabei abläuft, etwas mit der hier dargestellten Behandlungsmethode Verwandtes. Geh die Straße hinunter, sprich mit dem Nachbarn, streichle seinen Hund — und schon aktivierst du alle Reflexzonen.

Zwar haben wir es direkt nur mit Händen, Füßen und Kopf zu tun, aber die anderen schon erwähnten Kommunikationsbereiche sind auch Reflexzonen. Die der Augen eignen sich, wie schon erklärt, nur zur Diagnose. Die anderen haben außer ihrem ganz natürlichen Funktionieren, mit dem die Reflexaktivität in ihnen angeregt wird, bisher keinen therapeutischen Wert.

Die Reflexpunkte sind also Stellen, wo eine Kommunikation zwischen dem Selbst und der Außenwelt stattfindet; in ihnen konzentrieren sich alle in irgendeinem Augenblick in unserer Natur enthaltenen Faktoren, zum Beispiel alles, was im Augenblick eines Händedrucks zwischen zwei Menschen in ihrer Totalität kommuniziert wird. Sie sind auch Kommunikationspunkte, durch die Belastungen und Spannungen reduziert und die Kräfte, die unser Wohlbefinden beeinflussen, in ein Gleichgewicht gebracht werden können.

Wie geschieht das?

Durch die Stimulierung eines Reflexpunktes passiert nichts weiter, als daß das betreffende Organ aktiviert wird. Es kann angeregt oder beruhigt werden, auf jeden Fall wird es jedoch aktiviert. Eine Aktivität kann jede Richtung annehmen, je nach den vorherrschenden Einflüssen. Es sind Wille und Motiv des Behandelten und des Behandlers, die über diese Richtung bestimmen.

Wir werden im Kapitel »Das Motiv« näher darauf eingehen. Alles, wir hier wissen müssen, ist, daß die Stimulierung des Reflexpunktes eine Aktivität hervorruft und daß der Wille des Behandelten darüber entscheidet, ob diese Aktivität kreativ, heilend oder nur störend wirkt. Anstelle einer Beschreibung zeigen Illustrationen die Lage der einzelnen Reflexzonen.

Wir beginnen mit den Füßen, weil sie der Ort sind, wo wir das Grundmuster der menschlichen Struktur finden, wie es ein höheres Bewußtsein aus der Substanz der Erde geschaffen hat. Die Füße sind der Kommunikationskanal mit der Erde.

Das Behandeln beginnt immer mit den Füßen. Sie zeigen uns alles, was wir über den Menschen wissen wollen. Hände und Kopf können uns da verhältnismäßig wenig zeigen, denn sie entsprechen der ausführenden bzw. der lenkenden Fähigkeit. Wir behandeln sie, um diese beiden Fähigkeiten zusammen mit der Aktionsfähigkeit, die in den Füßen verkörpert ist, zu stimulieren.

Die erste Zeichnung (Abb. 1) zeigt den menschlichen Körper im Zusammenhang mit den Fußsohlen. Aus ihr geht hervor, wie die Fußreflexzonen in Beziehung zu den Körperteilen stehen. Wenn wir den Körper von vorne sehen, so sehen wir die entsprechenden Reflexzonen in den Fußsohlen, die Kopfreflexe in den Zehen, die Brust-

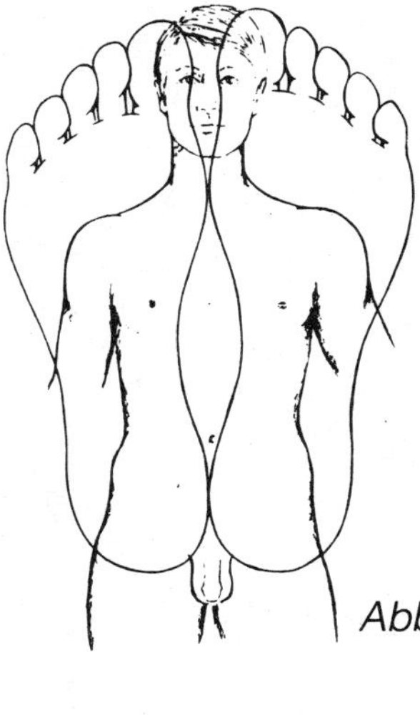

Abb. 1

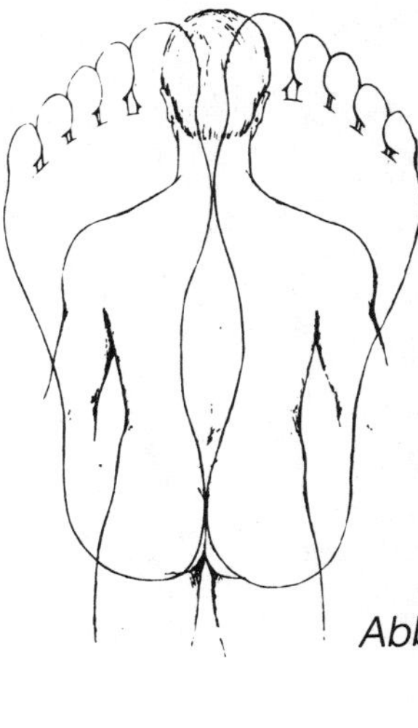

Abb. 2

reflexe im Bereich des Mittelfußes, die Darmreflexe im Fußgewölbe und die Beckenreflexe in der Ferse. Auf Abb. 2 sehen wir die Rückseite des Körpers in Beziehung zur Fußoberseite. Auf Abb. 3 sehen wir den Zusammenhang zwischen den Seiten des Körpers und den Reflexen der Fußinnenseiten.

Proportionale Verschiebungen sind in diesen Illustrationen unvermeidlich. Die Fußreflexe sind breiter ausgestreckt als die Körperorgane. Im Kopf (Abb. 4) ist diese Ausbreitung noch deutlicher; es sieht aus, als sei der Kopf flacher und so breit geworden wie die Schultern.

Diese vier Abbildungen zeigen das ganze Prinzip der Lage der Reflexe in Händen und Füßen. Der einzige Unterschied bei den Händen ist die relative Verschiebung des Daumens gegenüber der großen Zehe: Der Daumen liegt tiefer. Auf den Kopf trifft diese Schematisierung der Lage der Reflexzonen nicht zu.

Die Reflexzonen sind keine Punkte wie in der Akupunktur. Sie stehen proportional im gleichen Größenverhältnis zueinander wie die verschiedenen Organe (vgl. Abb. 10). Der Lungenreflex nimmt zum Beispiel den größten Teil des Mittelfußes ein, wohingegen der Gallenblasenreflex nur ein kleiner Punkt ist. Die Verteilung dieser Reflexbereiche wird wichtig, wenn es darum geht, bestimmte gestörte Bereiche

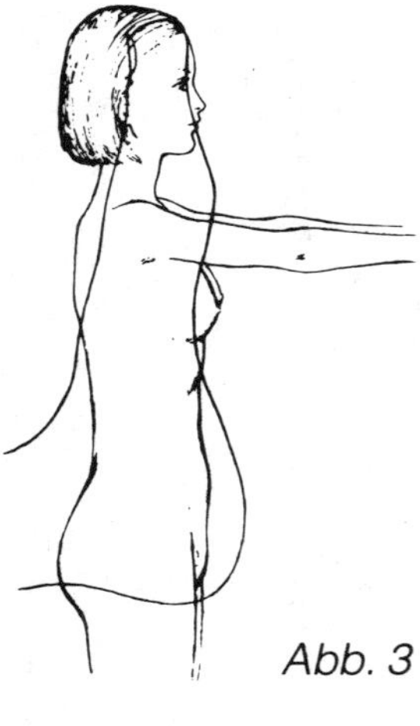

Abb. 3

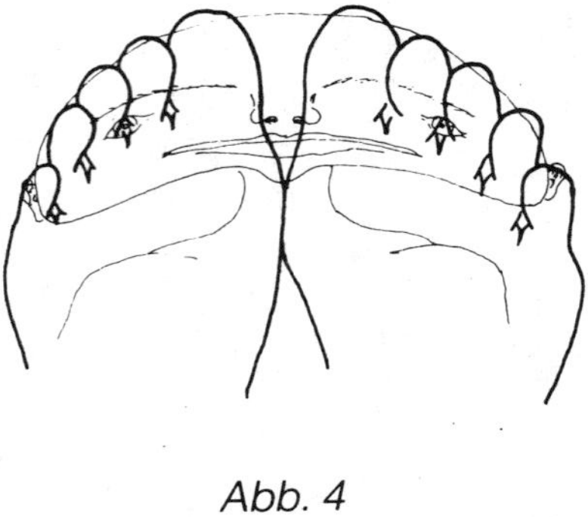

Abb. 4

erkennen zu können. Bitte denken sie daran, daß wir es hier eher mit Störungen zu tun haben als mit Krankheiten. Krankheit ist das Resultat einer Störung, und unsere Aufgabe ist es, die Störung wenn möglich aufzuheben, bevor sie sich als Krankheit bemerkbar macht.

In Abb. 5 und 6 wird das Verhältnis von Skelett und Fuß dargestellt. Dieses Verhältnis hat eine besondere Bedeutung, weil es die Knochenstruktur des Körpers ist, die die pränatalen oder formativen Muster unseres Lebens widerspiegelt. Die weichen Gewebe des Körpers (Muskeln, Bindegewebe, Organe usw.) drücken aus, was wir aus dem Leben machen; die harten, was wir sind. In der Pränatalen Therapie haben wir es in erster Linie mit der Knochenstruktur zu tun. Wir kommen darauf in Einzelheiten im Kapitel »Das Prinzip der Entsprechungen« zurück.

Die Illustrationen sollen uns sehen helfen, daß wir, wenn wir die Füße eines Menschen in der Hand halten, eigentlich den ganzen Körper behandeln. Der Körper ist Ausdruck oder Spiegelung des Bewußtseins. Damit ist er auch Ausdruck der Einstellung des Menschen gegenüber dem Leben und der vorherrschenden Umstände vor der Empfängnis. So betrachten und spüren wir in den Füßen eines Menschen die Gesamtheit seines Lebens, alles, was ihn gemacht hat, und

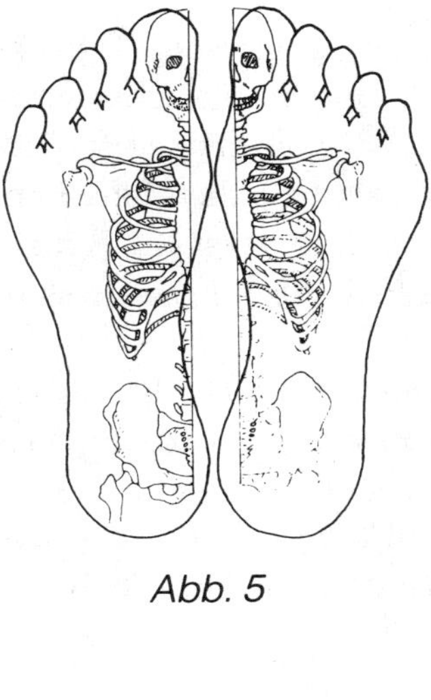

Abb. 5

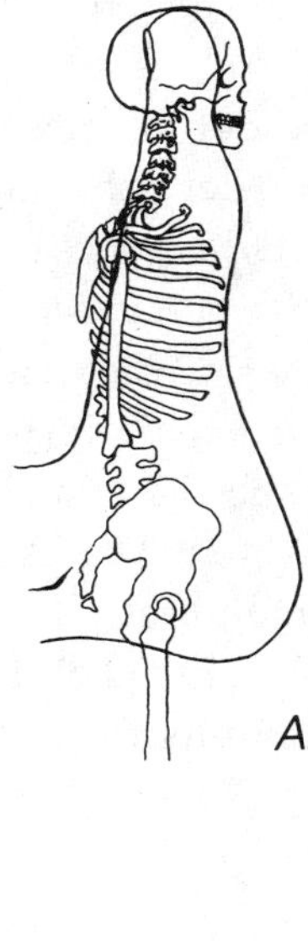

Abb. 6

wie er mit seiner Situation umgegangen ist. Betrachten Sie die Illustrationen von Anfang an in diesem Sinne, und Sie werden zu einem wahren Verständnis von Gesundheit gelangen.

Wir kommen nun vom Gesamtbild der Fußreflexe zu den einzelnen Reflexzonen und ihrer Lage auf den Füßen. Abb. 7 bis 9 zeigen diese in schematisierter Form, Abb. 10 stellt die Lage der Organe auf den Fußsohlen bildlich dar. In dieser letzten Abbildung ist der Kopf nicht eingeschlossen, weil die Kopfteile sich in den Zehen proportional verzerrt widerspiegeln, wir wir bereits in Abb. 4 gesehen haben.

Über Abb. 7 und 8 braucht nicht viel gesagt zu werden. Sie zeigen die Lage der Reflexzonen praktisch jedes Körperteils und Organs an. Es ist gut, wenn Sie diese gründlich studieren, so daß Sie, wenn Sie die Füße behandeln, genau wissen, wo im Körper Sie sich befinden. Sie spüren dann, in welchen Organen und Körperteilen Störungen zu verzeichnen sind; Sie wissen tatsächlich genau, wie derjenige, den Sie behandeln, sich fühlt, möglicherweise besser als er selber. Er weiß bloß, daß er sich nicht wohl fühlt oder daß dies oder jenes nicht so gut funktioniert, wie es sollte; Sie erkennen an den Füßen, warum das so ist. Das Kapitel über Entsprechungen wird Ihnen auch hierzu weitere Einzelheiten geben.

Auf Abb. 9 sehen Sie die Innenseite des Fußes. Sie zeigt die ganze Länge der Wirbelsäule, die für die Bestimmung der verschiedenen Phasen der Schwangerschaft von grundlegender Wichtigkeit ist. Daran wird das ganze Muster und Ausmaß der Belastung des Menschen, den Sie behandeln, erkennbar. Die anderen hier gezeigten Reflexpunkte sind die, die auf Abb. 7 und 8 nicht so deutlich zu sehen sind, weil sie tief im Körper liegen.

In Abb. 10 sind die Körperorgane dargestellt, wie sie in den Füßen erscheinen. Dieses Bild versteht sich von selbst und bedarf keines Kommentares.

Abb. 11 zeigt die Hand als Reflexbereich im Vergleich mit dem Fuß. Der Hauptunterschied zwischen Hand und Fuß hinsichtlich der Refle-

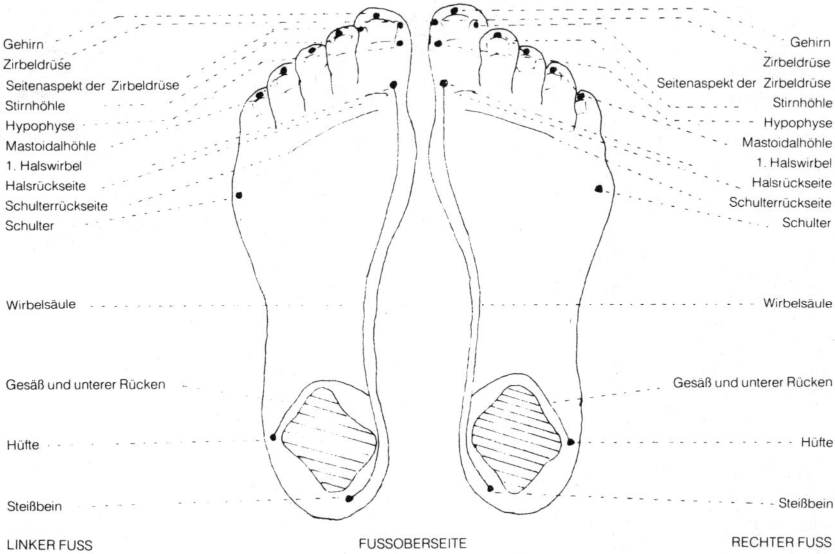
Gehirn
Zirbeldrüse
Seitenaspekt der Zirbeldrüse
Stirnhöhle
Hypophyse
Mastoidalhöhle
1. Halswirbel
Halsrückseite
Schulterrückseite
Schulter
Wirbelsäule
Gesäß und unterer Rücken
Hüfte
Steißbein
Gehirn
Zirbeldrüse
Seitenaspekt der Zirbeldrüse
Stirnhöhle
Hypophyse
Mastoidalhöhle
1. Halswirbel
Halsrückseite
Schulterrückseite
Schulter
Wirbelsäule
Gesäß und unterer Rücken
Hüfte
Steißbein
LINKER FUSS
FUSSOBERSEITE
RECHTER FUSS

Abb. 7

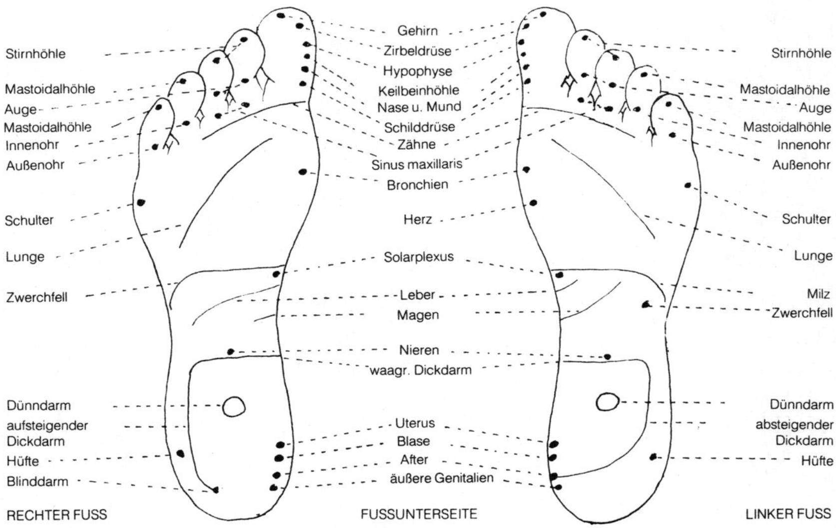
Stirnhöhle
Mastoidalhöhle
Auge
Mastoidalhöhle
Innenohr
Außenohr
Schulter
Lunge
Zwerchfell
Dünndarm
aufsteigender Dickdarm
Hüfte
Blinddarm
Gehirn
Zirbeldrüse
Hypophyse
Keilbeinhöhle
Nase u. Mund
Schilddrüse
Zähne
Sinus maxillaris
Bronchien
Herz
Solarplexus
Leber
Magen
Nieren
waagr. Dickdarm
Uterus
Blase
After
äußere Genitalien
Stirnhöhle
Mastoidalhöhle
Auge
Mastoidalhöhle
Innenohr
Außenohr
Schulter
Lunge
Milz
Zwerchfell
Dünndarm
absteigender Dickdarm
Hüfte
RECHTER FUSS
FUSSUNTERSEITE
LINKER FUSS

Abb. 8

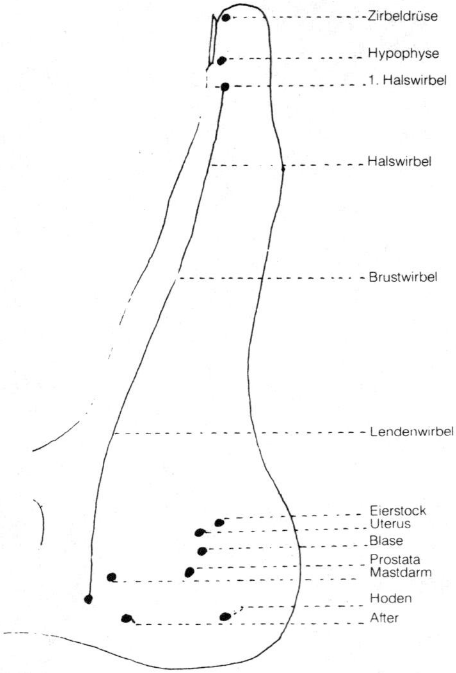

INNENSEITE DES FUSSES

Abb. 9

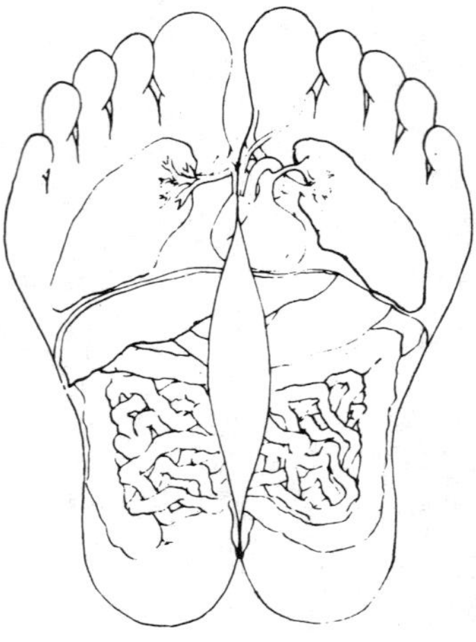

Abb. 10

xe ist der, daß bei der Hand der Daumen vom Handgelenk, beim Fuß jedoch die große Zehe vom Mittelfußbereich ausgeht. Beim Daumen finden wir den Reflexbereich der Wirbelsäule entlang der Außenseite, mit ihrem Ende am Handgelenk, wie Abb. 12 zeigt.

Die Einzelheiten der Handreflexe sind in diesen Zeichnungen nur grob angedeutet, denn außer in den schon erwähnten Faktoren sind sie für die Behandlung nicht so wichtig wie die Fußreflexe. Alles, was wir beim Behandeln der Hände kennen müssen, ist der allgemeine Reflexbereich von Kopf, Brust, Därmen und Becken und natürlich der Reflexbereich der Wirbelsäule. Wenn wir Kopf und Hände behandeln, geht es um etwas anderes als die einzelnen Körperteile. Es geht um das Prinzip der Initiative, das im Kopf ausgedrückt ist, und um die Fähigkeit der Ausführung, die die Hände ausdrücken. Darauf kommen wir im Kapitel über die Behandlung zu sprechen.

Auf Abb. 13 sehen wir die Kopfreflexe. Es werden hier mehr Einzelheiten gezeigt als an den Händen, aber es geht auch hier nur um die allgemeinen Bereiche. Die Reflexzonen befinden sich an dem von Haaren bedeckten Teil des Kopfes. Die Reflexzone des Kopfes selbst ist auf einen kleinen Bereich von ca. 5 cm Durchmesser beschränkt, die sich am Scheitelpunkt des Kopfes befindet. Der Reflexbereich der Wirbel-

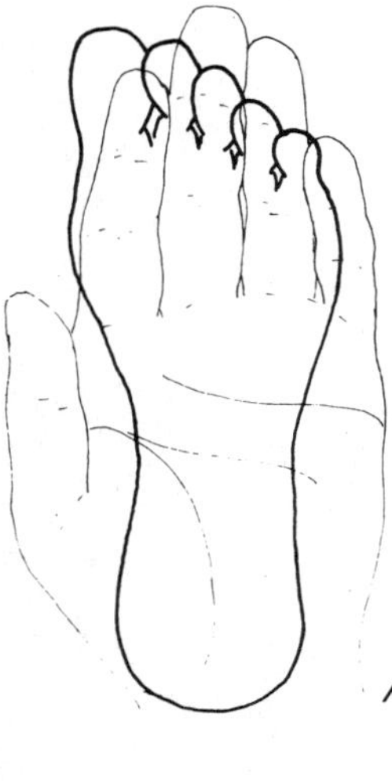

Abb. 11

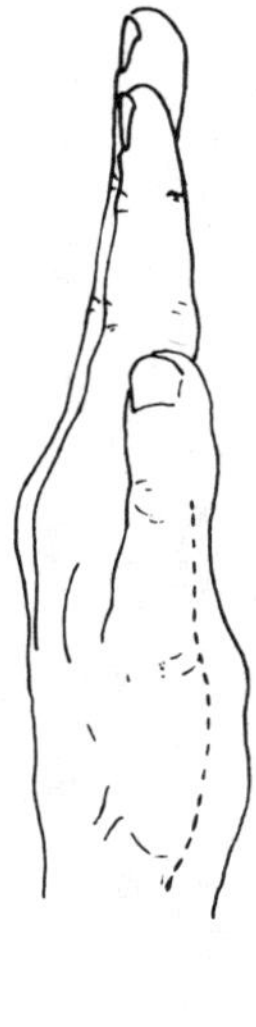

Abb. 12

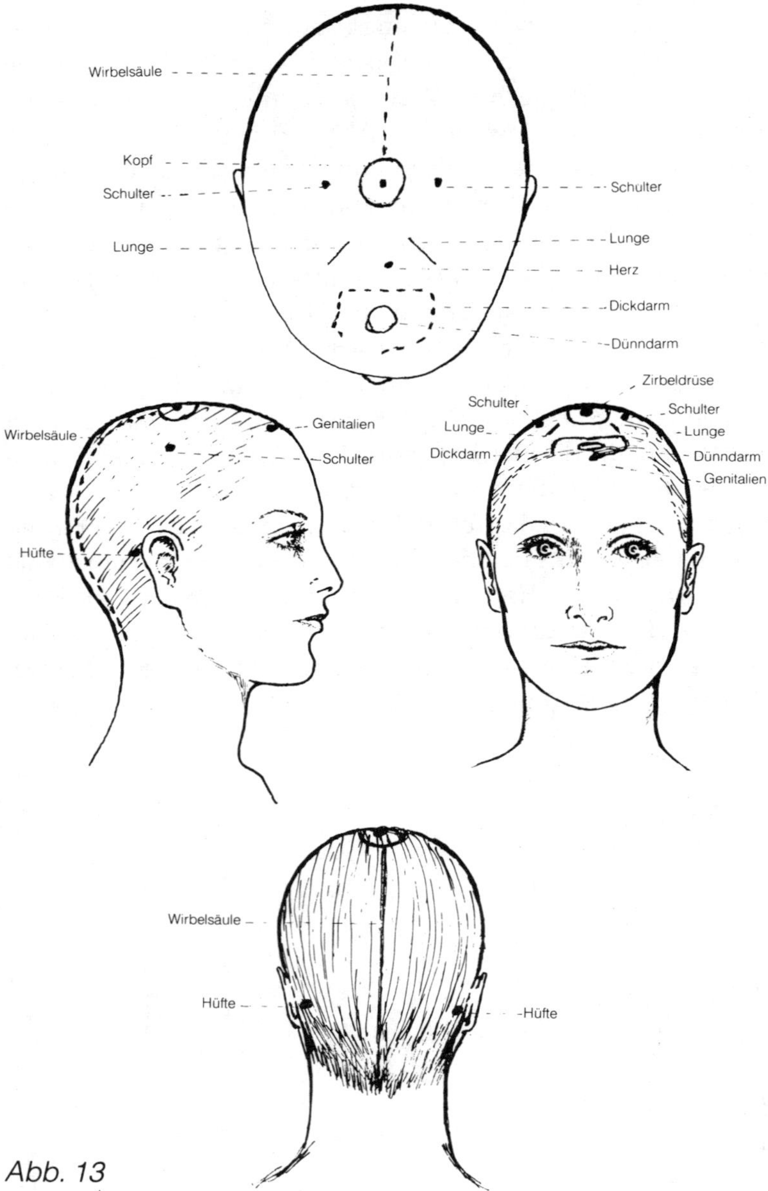

Wirbelsäule
Kopf
Schulter
Schulter
Lunge
Lunge
Herz
Dickdarm
Dünndarm
Zirbeldrüse
Schulter
Schulter
Lunge
Lunge
Dickdarm
Dünndarm
Genitalien
Wirbelsäule
Genitalien
Schulter
Hüfte
Wirbelsäule
Hüfte
Hüfte

Abb. 13

säule beginnt am hinteren Rand dieses Bereiches und führt hinunter zum Nacken. Zum besseren Verständnis kann man sich ein Modell kaufen, wie es normalerweise als Perückenständer Verwendung findet, und die verschiedenen Reflexe einzeichnen.

Soviel über die Reflexbereiche des Körpers. Es gibt allerdings noch andere Aspekte der Reflexzonen, zum Beispiel in der Akupunktur, der Zonentherapie, der Akupressur usw. Ich weiß vergleichsweise wenig darüber. In der *Zone Therapy* oder Reflexzonentherapie gibt es bei einigen der Fußreflexe Unterschiede in der Lokalisierung. In England existieren einige Abbildungen der Reflexzonen in der Hand, die sich von dem, was ich hier angegeben habe, beträchtlich unterscheiden. Einige dieser Reflexzonen sind auf übersinnlichem Wege oder mit Hilfe des Pendels gefunden worden und scheinen mit meiner Methode wenig gemeinsam zu haben. In der Akupunktur schließlich liegen die Reflexpunkte auf Meridianen oder Linien, die den Körper durchziehen. Es gibt sehr viele dieser Punkte, und viele davon liegen am Kopf und an Händen und Füßen, aber sie haben mit der hier beschriebenen Methode nichts gemeinsam. Diese Tatsache mag für das rationale Denken eine Schwierigkeit darstellen, aber wir müssen dabei in Betracht ziehen, daß das Ziel in der Akupunktur und in der Pränatalen Therapie nicht dasselbe ist. In der Akupunktur liegt der Schwerpunkt auf den Symptomen und den spezifischen Organen, die mit dem jeweiligen Punkt korrespondieren. Die Pränatale Therapie dagegen legt den Schwerpunkt auf die Lösung von Blockierungen, die mit einer Zeitperiode, nämlich der der Schwangerschaft, assoziiert werden.

Ich habe über das Warum und Wieso der Reflexe sehr viel nachgedacht, besonders in Anbetracht eben der Tatsache, daß es diese anderen Systeme gibt, die auch mit Reflexpunkten arbeiten. Daß sie Erfolge vorweisen können, ist offensichtlich, und daß ihre Reflexpunkte anders liegen als die hier angegebenen, reizt oft zur Diskussion.

Es gibt da einen Faktor, der in sehr vielen der mehr esoterischen Diagnose- und Therapiemethoden auftaucht. Die in der Radionik benutzte »Box« und das Pendel, die in der Diagnose so ausgezeichnete

Ergebnisse erbringen, sind ähnlich geheimnisvoll in ihrer Wirkungsweise. Daß die »Box« kein wissenschaftlich analysierbares Instrument ist, wird ganz offensichtlich, wenn man sie näher untersucht, und es ist auch offensichtlich, daß das Pendel selbst kein Instrument ist, sondern nur als ein Mittel dient, um die weniger zugänglichen Bereiche des Bewußtseins sichtbar zu machen.

Über all das werden wir später noch sprechen. Im Augenblick interessiert uns nur, ob wir es bei den Reflexen eventuell mit etwas Ähnlichem zu tun haben, ob die unterschiedlichen Muster der Reflexzonen in den verschiedenen Systemen vielleicht einfach eine Kreation des Bewußtseins sind, die dazu dient, daß das Unbewußte einen Zugang zu den subtilen Elementen des menschlichen Seins bekommt und sie beeinflussen kann. Was die praktische Arbeit mit den Reflexzonen anbelangt, scheinen sie ganz offensichtlich zu existieren, und die mit dieser Arbeit erzielten Ergebnisse sind sehr bemerkenswert.

Alles, was mit den Reflexzonen als Mittel der körperlichen oder geistigen Therapie zu tun hat, ist noch immer in Geheimnis gehüllt, und da die verschiedenen Behandlungssysteme sowohl mit der physischen Struktur des Körpers als auch mit den übersinnlichen und energetischen Prinzipien des Lebens zu tun haben, die subtil und unbestimmbar sind, bleibt uns die Tatsache, daß diese Systeme funktionieren, aber nur wenig oder keine Erklärung über das Warum.

Die Technik

Sie führen diese Behandlung immer mit den Händen durch, außer wenn eine starke Spannungsentladung notwendig ist. In diesem Fall können Sie ein elektrisches Massagegerät benutzen.

Meist arbeiten Sie mit den Fingerspitzen und den Daumen; die Reflexzonen sind relativ klein, und die Fingerspitzen reichen aus, um sie abzudecken. Oft braucht es ziemlich viel Kraft, aber diese entwickelt sich mit der Zeit auch in der kleinsten Hand.

Sehen Sie Abb. 14 und 15 an und beachten Sie, wie die Finger auf der Haut des Fußes aufliegen. Die Bewegung geht durch das Handgelenk, und Sie benutzen den ganzen Arm, das Handgelenk und die

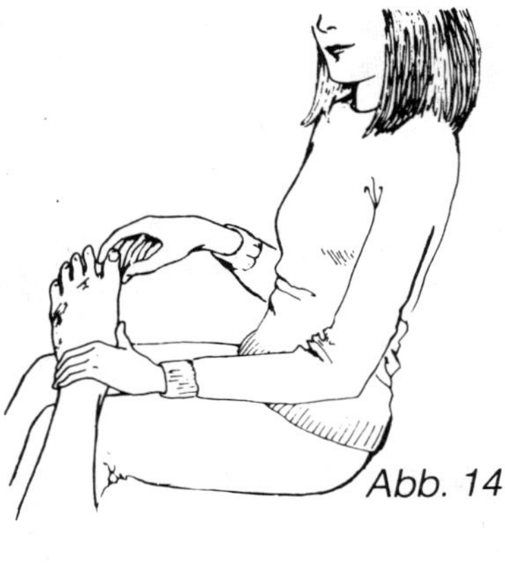

Abb. 14

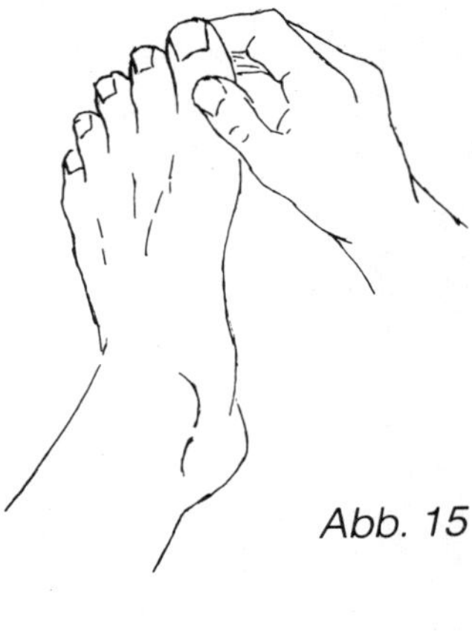

Abb. 15

Hand. Halten Sie die Finger nicht steif, denn die Bewegung geht von der Schulter aus, hinunter in die Hand und in die Finger. Wenn Sie die Finger steif machen, gibt das ein Druckgefühl, das für den Klienten unangenehm ist.

Bewegen Sie die Finger über den Fuß, ohne die Haut zu ziehen und ohne zu reiben. Es ist für den Klienten sehr unangenehm, wenn Sie die Haut ziehen, besonders an behaarten Stellen, an denen durch das Mitziehen der Haare eine beträchtliche Spannung entsteht. Der Patient bemerkt oftmals nicht, daß er sich unbehaglich fühlt, und die Spannung entsteht, ohne daß es ihm bewußt wird. Auch wenn er es bemerkt, wagt er vielleicht nicht, Ihnen zu sagen, daß es weh tut, vielleicht weil er meint, das gehöre zur Behandlung. Wenn Sie die Haut reiben, gibt das in kurzer Zeit Blasen, besonders wenn Sie in einem hochgeladenen Reflexbereich arbeiten, der wenig Reaktion zeigt. Etwas Öl oder Puder kann helfen, dies zu vermeiden, aber am besten ist es, wenn Sie ohne diese Hilfsmittel auskommen.

Um Ziehen und Reiben zu vermeiden, können Sie sich angewöhnen, den Druck der Finger leicht zu verringern, sobald Sie zu einer anderen Stelle übergehen, auch wenn diese nur ein paar Millimeter weiter liegt.

Der Klient sollte sich natürlich vor der Behandlung die Füße waschen. An heißen Tagen kommen die Klienten vielleicht mit ziem-

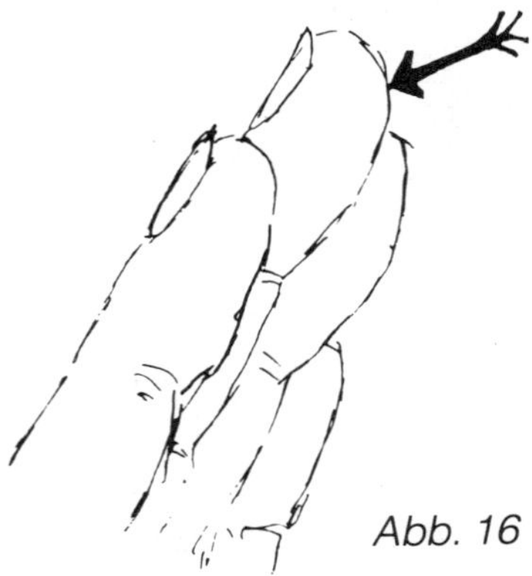

Abb. 16

lich heißen und verschwitzten Füßen an, und es ist eine gute Idee, ein lauwarmes Fußbad für sie bereit zu haben. Ein Klient, der durch die von der Behandlung hervorgerufene Veränderung bestimmte Reaktionen erlebt, kann eine Zeitlang an den Füßen oder sogar am ganzen Körper stark schwitzen. Das ist oft mit starkem Geruch verbunden und ziemlich unangenehm, aber für ihn ist es eine wichtige Form von Ausscheidung, oft eine Rückkehr in die Pubertät und ein Durcharbeiten früherer Stadien seiner Entwicklung. Bei solchen Gelegenheiten ist Talkumpuder nützlich; es ist auch gut, eine große Papierserviette auf den Knien zu haben, um Schweißflecken auf Ihrer Kleidung zu verhindern.

Für mich ist die bequemste Art, die Füße zu halten, wenn ich auf einem Stuhl sitze, der gerade so hoch ist, daß meine Oberschenkel waagerecht liegen. Das ist wichtig, denn wenn der Fuß des Klienten immer wieder hinunterrutscht, erzeugt das Spannungen bei ihm. Halten Sie den Fuß leicht, aber bestimmt mit der linken Hand (wenn Sie Rechtshänder sind) und arbeiten Sie mit der Rechten (Abb. 14). Sie können die Hände wechseln, sooft Sie wollen, und manchmal ist das auch notwendig; wenn nämlich die Streßbereiche in den Füßen eines Klienten sehr beträchtlich sind, macht die Ermüdung, die Sie in den Fingern und in der Hand spüren, einen Wechsel notwendig.

Natürlich können Sie jede ihnen bequeme Art wählen, wie Sie den Fuß des Klienten halten wollen. Der Klient kann auch auf einem Bett oder Sofa liegen, aber dann müssen Sie neben ihm auf dem Bett sitzen. Sie können auch einen ausgeklügelten Sessel mit verstellbarer Fußstütze benutzen. Es gibt da zahlreiche Möglichkeiten, aber ich habe gefunden, daß in einer stark belebten Allgemeinpraxis die in Abb. 14 gezeigte Weise die einfachste ist.

Gelegentlich ist ein Druck mit der ganzen Handfläche notwendig, mit einer ganz leichten, kreisenden Bewegung. Dabei, und auch wenn Sie mit den Fingerspitzen arbeiten, sollte die Bewegung sehr gering sein.

Sie drücken in die Haut und bewegen diese auf den tieferliegenden

Geweben umher. Die Aufmerksamkeit liegt dabei meist auf der Knochenstruktur, und der Fingerdruck ist durch die Haut hindurch auf die Knochen gerichtet.

Versichern Sie sich, daß Ihre Fingernägel ziemlich kurz sind. Sie arbeiten mit den Fingerkuppen, nicht direkt mit den Fingerspitzen, wie Abb. 16 es zeigt. Zu lange Fingernägel können mit der Hautoberfläche in Berührung kommen und eine Reizung hervorrufen. Auch wenn Sie die Finger leicht seitlich aufsetzen und mit dem Fingernagelrand Druck ausüben, kann das für den Klienten ein sehr scharfes und unangenehmes Gefühl sein, das Sie gar nicht bemerken, wenn er nicht darüber spricht. Es ist in jedem Fall gut, keinen unnötigen Schmerz zu verursachen. Wenn Sie sich also die Nägel schneiden, achten Sie darauf, daß keine scharfen Ecken bleiben.

Es kommt auch häufig vor, daß die Reflexpunkte am Fuß des Klienten überempfindlich sind und daß er glaubt, Sie bohrten ihm die Fingernägel in den Fuß. Es sind aber in diesem Fall gar nicht Ihre Nägel, sondern seine überreizten Reflexreaktionen, die das Gefühl verursachen. Lernen Sie, das zu unterscheiden, und gehen Sie sicher, daß nicht Sie es sind, der ihm weh tut.

Es ist besser, beim Behandeln keine Ringe zu tragen, außer vielleicht den Ehering. Achten Sie auch darauf, ob Ihre Armbanduhr stört, wenn Sie den Fuß des Klienten auf Ihrem Handgelenk liegen haben.

Die Finger bzw. der Daumen sollen hauptsächlich kreisförmige Bewegungen ausführen. Manchmal können dies größere Bewegungen sein, so groß, wie es ohne Ziehen oder Reiben der Haut möglich ist, und manchmal ist es auch ein tiefer Druck mit sehr wenig Bewegung.

Meistens ist allerdings Bewegung erforderlich. Es geht uns um Veränderung, um das Durchbrechen des Festhaltens in der Zeit. Man kann natürlich ohne Bewegung sehr tief und hart in den Fuß hineindrücken; dann wendet man nicht die sanfte Lockerung an, sondern arbeitet mit Schmerz. Es kommt dabei auf die Absicht an: Wenn man Schmerz benutzt, um beim Klienten Bewegung und Veränderung wachzurufen, muß man sorgfältig darauf achten, daß bei einem selbst keine sadistischen Untertöne mitschwingen. Es ist nicht immer angenehm, mit starrköpfigen, neurotischen und unfreundlichen Klienten umzugehen, aber ein starker Druck oder eine Drehung, die dem Klienten Schmerz bereiten, sind nur dann konstruktiv, wenn sie mit der Absicht geschehen, Trägheit oder Widerstände des Klienten aufzulockern oder vielleicht auch um sein Schmerzbedürfnis zu befriedigen. Wenn ein Klient ein solches Schmerzbedürfnis zeigt, so ist dies psychotisch; in dem Maße jedoch, wie sein Bewußtseinszustand sich bessert, schwindet seine Psychose, und Schmerz wird für ihn immer weniger notwendig. Sie werden bei der Behandlung nur sehr selten von Schmerz Gebrauch machen müssen, aber manchmal kann es notwendig sein.

Kinder wird der absichtliche Gebrauch von Schmerz nur verschrecken. Bei der Behandlung eines hysterischen Kindes ist es jedoch gelegentlich notwendig, es mit Gewalt festzuhalten, damit es sich behandeln läßt; es soll ihm jedoch damit kein Schmerz zugefügt werden. Es wird das Haus zusammenschreien, aber nur deshalb, weil es seinen hysterischen Zustand nicht verändert haben möchte; es möchte weiter ungezogen sein und allen Leuten in seiner Umgebung auf die Nerven gehen. Nach ein paar Minuten einer solchen zunächst erzwungenen Behandlung ist das Kind gewöhnlich ruhig und zufrieden.

Die Art der Berührung bei der Behandlung kann sehr stark variieren; sie reicht von dem sehr tiefen, schmerzhaften Druck bis zu einer federleichten Berührung. Die Hände können sogar in einer gewissen Entfernung zum Fuß gehalten oder bewegt werden. Über den tiefen, schmerzhaften Druck haben wir gesprochen, im Kapitel über die Behandlung psychotischer Menschen werden wir noch einmal darauf zurückkommen. Normalerweise ist die Berührung der Hände leicht und sanft, mit manchmal mehr und manchmal weniger Druck.

Es gibt Fälle, wo es sinnvoll ist, die Hände in einer Entfernung vom Fuß zu halten, sie etwas oberhalb der Haut zu bewegen. Wir geraten hier in die Nähe des Heilens durch Magnetismus oder des Geistheilens, aber es ist die Absicht, die zählt: Während es beim Geistheilen auf die Einstimmung des Bewußtseins auf Gott oder Christus oder auf göttliche Prinzipien ankommt, geht es bei der Behandlung der Reflexzonen und ihrer Störungen um Zustände der Disharmonie, Bewußtseinszustände, und diese sind nicht nur auf die Grenzen des physischen Körpers beschränkt; sie befinden sich auch um den Körper herum, in seiner Aura.

Die Reflexe strahlen aus dem Fuß heraus, in die Aura hinein. Wenn der physische Körper verletzt ist, so ist es der nicht-physische Aurakörper, der das Bild des vollkommenen Körpers in den verletzten Teilen aufrechterhält, so daß der Normalzustand bzw. die Heilung herbeigeführt wird. Manchmal, wenn auch eine mentale Verletzung erfolgt ist, wie zum Beispiel bei einem Schock, ist der nicht-physische Körper ebenfalls beeinträchtigt, und die Heilung wird dadurch verzögert. Dann sind geistige Ruhe und Erholung notwendig, bevor der Körper sich erholen kann. Es gibt auch Fälle, in denen nur der nichtphysische Körper verletzt ist, wie zum Beispiel bei Traumata, die aus der Zeit vor der Empfängnis stammen.

Bei der Behandlung der Aura berühren die Hände den Körper nicht; sie werden in ca. 10 bis 15 cm Abstand gehalten. Bei der Behandlung der Kopfreflexe können die Hände sogar in 60 bis 90 cm Entfernung noch gut wirken.

Am Kopf ist die Methode der Behandlung dieselbe wie an den Füßen: Duch Bewegung und Veränderungen der Handposition erspüren die Hände die Störungszustände, lockern sie sanft und leicht auf, lösen die Blockaden der Zeit.

Beim Behandeln des Kopfes ist das Motiv sogar noch wichtiger als bei den Füßen. Hier hat die Einstellung des Behandelnden einen sehr großen Einfluß auf die Reaktion des Klienten. Wir wollen dem Klienten nicht unsere eigene oder irgendeine andere Einstellung aufzwingen; er lebt sein eigenes Leben, und die Art und Weise, wie er es gestaltet, ist seine Sache, wenn sie auch zum Teil konditioniert ist von seinen Störungen und nur zum Teil den Motiven und Antrieben seines Lebens, seinem Willen, Folge leistet. Ein Heiler bringt etwas von außen dazu. Das Bewußtsein des Klienten ist während der Zeit, in der der Behandelnde seinen Willen einsetzt, und auch noch einige Zeit danach, nicht sein eigenes. Es ist wahr, daß dies oft notwendig ist, damit dem Klienten geholfen werden kann, aber es ist besser, wenn der Klient während dieses Stadiums verringerter Selbstbestimmung so wenig äußeren Einflüssen unterworfen ist wie möglich.

Wie immer die Bewußtseinsstruktur des Behandelnden aussehen mag, sie findet Eingang ins Bewußtsein des Klienten. Das kann gut oder schlecht sein. Ein Heiler, der fromm und ehrfürchtig an Gott glaubt, kann zugleich auch ein überwältigendes Dominanzstreben haben. Uns geht es hier um die Fähigkeit, dem Klienten dabei zu helfen, Blockaden im Fluß der Zeit aufzulösen, sein eigenes inneres Lebensmuster zu finden.

An der Reflexzonen- und der Pränatalen Therapie ist charakteristisch, daß die Veränderung im Klienten von innen kommt; sie wird nicht von außen aufgesetzt. Der physische Teil der Behandlung lockert einfach nur die Blockierungen; es ist der eigene Wille und das Lebensmotiv des Klienten, die darüber entscheiden, in welche Richtung die Veränderung geht. Wo dieser Wille begrenzt oder nicht vorhanden ist, wie bei geistig Zurückgebliebenen, da hilft der Wille des Behandlers. Bei der Behandlung von geistig Zurückgebliebenen tritt dieses Charakteristikum am deutlichsten zutage; sie behalten eine Zeitlang, manchmal über Monate hinweg, ihre äußere Erscheinung und abnorme Lebenseinstellung bei, aber durch die äußere Form leuchtet eine neue Wachheit und Intelligenz.

Dieses Charakteristikum der Veränderung von innen ist einzigartig in unserer Arbeit. Ich kenne keine andere Form der therapeutischen Arbeit, die den Klienten befähigt, sich aus sich selbst heraus zu verändern und dann im Zuge dieser Veränderung seine Symptome abzuwerfen.

Wenn wir auf diese Weise an den Füßen eines Klienten arbeiten, geschieht zweierlei: Ganz objektiv massieren wir die physische Struktur des Klienten; wir verringern die Blockaden und Spannungen in dieser physischen Struktur und damit auch die Blockierungen des Zeitflusses. Subjektiv wirken wir als Kanal, durch den Energie abgezogen wird. Abgezogen wird die schlechte Energie, Streß und Spannung, die Produkte des Zellgedächtnisses der Vergangenheit — Elend, Verzweiflung und Leid aus den Tiefen der Zeit. Als Behandelnde fühlen wir das auf verschiedene Weisen: in den sichtbaren Symptomen des Fußes, über die wir im nächsten Kapitel sprechen werden, in den Spannungen, die wir mit dem Tastsinn der Finger wahrnehmen, in den schmerzhaften oder empfindlichen Bereichen, die der Klient nicht wahrnimmt, die der Behandelnde jedoch durch die nichtphysische Sensitivität der Finger aufnimmt, und schließlich in der Übertragung von Streß, die der Behandelnde im eigenen Körper spürt.

Die eingeschleuste Energie ist subtiler: Es ist eine eher gedankliche Energie, das Motiv zu kreativer Veränderung. Das ist wichtig, denn es ist nicht unser Ziel, dem Klienten irgendeine Form realer Energie zufließen zu lassen, wie etwa beim Handauflegen; wir sind nur Vermittler im Prozeß der Veränderung. Das Motiv, das wir beisteuern, ist eher eine Richtung als eine Energie, und zwar entweder eine Vorwärts- oder eine Rückwärtsrichtung, die Richtung der Polarität (die im Kapitel über Polarität besprochen wird). Der Behandelnde ist nicht dazu da, zu entscheiden, ob der Klient mit seinen Einstellungen und seiner Richtung im Leben im Recht oder im Unrecht ist — das ist seine Sache. Unsere Aufgabe ist nur, eine Hilfestellung zu geben, so wie wir einem Kind die Hand geben, wenn es laufen lernt. Wir können das Kind nicht zum Laufen bringen; wir können auch nicht darüber entscheiden, ob es sich hinsetzen oder aufstehen soll; wir können ihm nur mit unserer eigenen aufrechten Haltung zu Hilfe kommen.

Ihre Position im Vergleich zu Ihrem Klienten sollte so sein, daß Sie schon erreicht haben, was der Klient anstrebt. Aus diesem Grunde ist es notwendig, daß Sie einen großen Teil Ihres eigenen Veränderungs- und Stabilisierungsprozesses durchlaufen haben, bevor Sie sich daran machen, jemand anderem zu helfen. Daß dies nicht immer möglich ist, versteht sich von selbst. Wenn Sie Mutter oder Vater eines zurückgebliebenen Kindes sind, ist es schon ein großer Vorteil, daß Sie nicht auch zurückgeblieben sind und deshalb Ihrem Kind helfen können. Daß jedoch zweifellos Elemente in Ihrer Persönlichkeit sind, die mit der Zurückgebliebenheit zu tun haben, versteht sich auch von selbst: Sie sind ein Elternteil des Kindes. Ideal wäre, wenn die Eltern völlig mit sich im reinen wären, bevor sie das Kind behandeln, aber das kann Jahre dauern. Die wichtigste Bedingung für den Behandelnden ist die, daß seine Polarität positiver und stabiler ist als die des Klienten. Wie dies erreicht wird, besprechen wir im Kapitel über Polarität.

Was an Energie abgezogen wird, sind die Belastungen und Spannungen im Klienten. Idealerweise ziehen Sie diese jedoch nicht selbst ab, sondern mit der Art von Energie, die Sie zuführen, helfen Sie dem Klienten, ein inneres Verständnis für den Sinn des Lebens zu gewinnen und für seine Fähigkeit, das Leben selbst zu gestalten. Wenn Ihre Einstellung bei der Arbeit die ist, daß Sie den Klienten heilen wollen, daß Sie ihm überlegen und ein göttlicher Segen für ihn sind, dann helfen Sie ihm nicht viel. Sie schwächen eher seine eigene Fähigkeit, mit den Dingen fertig zu werden.

Wenn Sie seine Hände in die Hand nehmen, so ist Ihre Aufgabe die, das Gewirr von Belastungen und Spannungen aufzulösen und die verschiedenen Elemente des Musters, das Sie vor sich haben, je nach Bedarf zu stimulieren oder zu beruhigen. Darum geht es in diesem Buch: zu erkennen, was gebraucht wird, und dann etwas dafür tun zu können.

Wenn Sie den Fuß betrachten, so sehen Sie verschiedene Hornhautstellen und Hühneraugen, unharmonische Beulen und seltsame Auswüchse. Mit diesen beschäftigen wir uns im nächsten Kapitel. Sie fühlen vermutlich ein hartes und starres Gebilde aus Knochen und Fleisch anstelle eines feinen und biegsamen Fußes. Möglicherweise ist der Fuß sehr schmerzempfindlich, angespannt und kitzelig. Ihre Aufgabe ist es, dies zu verringern. Kitzeligkeit ist eine oberflächliche Spannung; bei fester Berührung wird sie ziemlich bald verschwinden. Spannung bedeutet chronische Belastung, und Schmerz ist akute Belastung. Arbeiten Sie daran und bringen Sie sie heraus. Alle Ursachen dafür werden allmählich in der einen oder anderen Form an die Oberfläche kommen und gelöst werden.

Das, was Sie am Fuß wahrnehmen, ist die Aura der Belastung, das innere Streßmuster, welches die Hühneraugen und Hornhäute, die Schmerzen und Spannungen beim Klienten verursacht. Arbeiten Sie auch das heraus. Es wird in ermüdenden Streßwellen in Ihre Hände strömen, und Sie werden das Gefühl haben, die Hände fallen ab, und sogar Ihr Arm wird bleischwer vor Erschöpfung. Dies sind die unbewußten Gefühle des Klienten. Machen Sie einfach weiter, und arbeiten Sie sie heraus. Sie werden in diesem Fall öfter die Hand wechseln müssen. Schütteln Sie auch öfter die Hände aus, als ob Sie Wasser abschütteln würden, das ist eine gute Methode, um sich Erleichterung zu verschaffen. Sie schütteln tatsächlich etwas ab, nämlich den Streß. Auch ist Ihre geistige Einstellung in dieser Situation von Wichtigkeit. Wenn Sie Streß im Klienten spüren, dann deshalb, weil Sie selbst kein klarer Kanal für die Veränderung sind. Öffnen Sie Ihr Bewußtsein für die absolute Quelle des Lebens, lassen Sie diese durch sich hindurch fließen, und Sie werden merken, wie der Streß sich augenblicklich zerstreut. Wenn Sie selber vollkommen mit sich im reinen sind, ohne eigene Blockierungen oder Belastungen, dann spüren Sie diese Streßwellen nicht; sie fließen einfach durch Sie hindurch. Aber — unnötig zu sagen — Sie haben selbst noch ein Stück Weg vor sich. Denken Sie daran: Sie sind ein Kanal für die Energie und für die Absicht zur Veränderung, die der Klient braucht.

Wenn der Klient in dem Teil des Fußes, an dem Sie gerade arbeiten, akuten Schmerz empfindet, dann spüren Sie nicht dieselbe Art von Streßenergie von dem Fuß ausgehen. Wenn Sie nur Ihr subjektives Gespür des Fußes zu Hilfe nehmen, um zu bemerken, was da vor sich geht, dann werden Sie nicht wahrnehmen, daß der Klient hier Schmerz empfindet. Sie müssen Ihre Art des Spürens ändern, um dies wahrnehmen zu können. Latenter Schmerz (Streß) baut ein Energiepotential auf, das Bewegung in sich hat. Akuter Schmerz ist Streß, der sich schon in Bewegung befindet. Der Unterschied im Spüren, den Sie mit Ihren Händen erleben, ist entsprechend Ihrer eigenen Geisteshaltung. Latenter Schmerz bewegt sich nach außen, wenn Sie die Türe öffnen — sobald Sie ihn berühren, fließt er in großen Schwällen heraus. Es ist eine unnormale Inaktivität, die befreit wird. Akuter Schmerz ist Bewegung, und deshalb normal. Jede Bewegung ist normal. Wir bewegen uns, um die Bedingungen zu verändern, um ein Gleichgewicht aufrechtzuerhalten, mit dem wir umgehen können; es ist vielleicht nicht vollkommen, aber wir können damit fertig werden. Schmerz beim Klienten ist ein Hinauslassen der Belastung, die in ihm ist, und die Aufgabe des Behandelnden ist es, ihm mit der Behandlung dabei zu helfen, daß es gründlich geschieht.

Eine Übertragung der Belastung des Klienten in den eigenen Körper ist recht häufig und wird von Heilern oft erlebt. Es verschafft Ihnen eine schnelle Einsicht in das, was da vor sich geht. Nehmen Sie es kurz zur Kenntnis, und lassen Sie es dann los. Halten Sie es nicht fest, sonst ruinieren Sie Ihre Gesundheit.

Noch etwas ist bei diesem Teil der Arbeit zu beachten. Der Behandelnde ist in solchem Maße in Kontakt mit den Belastungen des Klienten, daß er sie gelegentlich aufnimmt und, ohne es selbst zu bemerken, dramatisiert. Wenn der Klient ein Fremder ist und gleich nach der Behandlung geht, dann ist das nicht so schlimm. Der Behandler arbeitet sich dann früher oder später aus den Streßmustern, die er übernommen hat, heraus. Wenn die Behandlung jedoch zwischen Mann und Frau, Mutter und Kind oder anderen engen Verwandten zu Hause stattfindet, können aus dieser vorübergehenden, aber tiefgreifenden Abnormalität des Behandlers beträchtliche Störungen erwachsen. Es lohnt sich, das zu wissen und zu vermeiden.

Das Motiv

Das Bewußtsein, das hinter einer Handlung steht, ist der Beginn von allem. Ohne dieses Bewußtsein wird alles Handeln völlig willkürlich und chaotisch. In dieser Arbeit hat das Bewußtsein hinter dem Handeln bzw. das Motiv für die Handlung den richtungweisenden Einfluß auf die Handlung. Es ist das Motiv des Klienten und des Behandelnden, das darüber entscheidet, welche Aktivitäten und Veränderungen stattfinden werden. Die manipulative Behandlung der Reflexzonen bewirkt eine Lockerung der bestehenden Struktur; das Motiv bewirkt die Veränderung der Zeitstruktur.

Die Bewußtseinsinhalte eines Durchschnittsmenschen sind beinahe durchwegs willkürlich. Erziehung, Religion, soziale Schicht, Umgebung und Geschlecht bestimmen das Muster der Lebensführung, und dieses Muster wird ohne Diskussion befolgt. Es wird wohl gelegentlich daran gerührt oder darüber gemurrt, aber daß es sehr viel wirkliche Änderung in diesen willkürlichen Inhalten gibt, ist zu bezweifeln; im großen und ganzen gibt es höchstens einmal ein Aufwallen und Überschwappen in eine neues und ebenso willkürliches Muster.

Ein Motiv ist eine Absicht oder Zielsetzung für einen Geschehensablauf. Diese Absicht kann unbewußt entstehen, und bei den meisten Menschen, die ein Motiv haben, ist das auch der Fall, oder doch zum größten Teil. Dieses Unbewußte ist jedoch konditioniert bzw. geordnet; es leitet sich her aus dem Muster des Ererbten und der Rasse und sogar aus dem weiten Feld des Universalen Bewußtseins, dem Feld der Zeit, das in die Ewigkeit hineinreicht. Ein Element der bewußten Überlegung fließt dadurch mit ein, daß man ein wenig über die Einflüsse und Muster, die das Bewußtsein auf allen Ebenen durchdringen, weiß, und sie lenken und in eine Richtung bringen oder sich auch von ihnen führen und leiten lassen kann.

Wenn Sie diese Art der Behandlung ausüben, so haben Sie gegenüber dem Klienten eine größere Verantwortung, als sie ein rein physischer Heiler, Osteopath, Arzt oder Heilpraktiker hat. Sie haben mit dieser Behandlung Zugang zu den Grundlagen der geistigen und physischen Struktur selbst. Falscher Gebrauch dieser Technik kann sich chaotisch auswirken, richtiger Gebrauch jedoch kann eine vollständige Verwandlung und den Aufbau des ganzen Potentials menschlicher Existenz bedeuten.

Wenn Sie das erste Mal beginnen, einen Klienten zu behandeln, sind zwei Einflüsse vorhanden. Der erste ist Ihr eigenes Motiv und der zweite das des Klienten. Die Tatsache, daß Sie diese Arbeit tun, daß Sie die Aufgabe übernommen haben, dem Klienten in dieser Weise zu helfen, ist ein Teil Ihres Motivs. Es kann altruistische Gründe haben oder auch andere. Sie haben vielleicht ein echtes Interesse an dem Klienten und seinen Bedürfnissen, und Sie mögen diese Arbeit und alles, was damit zu tun hat. Es kann aber auch sein, daß Sie nur an das Geld denken, an die Macht und den Einfluß und die Herrschaft, die Sie über das Leben des Klienten gewinnen können. In den verschiedenen Sparten der heilenden Berufe gibt es viele solcher Menschen. Im großen und ganzen wären Sie mit einem solchen Motiv in dieser Arbeit fehl am Platze. Es ist eine Arbeit, die echten Altruismus schafft. Es gibt allerdings eine Menge Leute, die eine äußere Kruste von Altruismus haben, deren unbewußtes Motiv jedoch Machtstreben ist. Ich meine aber, daß solche Menschen sich in dieser Arbeit nicht lange halten werden — die Arbeit selbst trifft da die Auslese.

Achten Sie auf Ihre Motive. Sind Sie so unsicher, daß Sie sich mit

Menschen umgeben müssen, die körperlich und geistig weniger gesund sind als Sie, so daß Sie sich Ihnen überlegen fühlen können? Sind Sie so unreif, daß Sie sich von unreifen Menschen angezogen fühlen? Sehr viele Menschen in heilenden Berufen gehören der einen oder der anderen dieser Kategorien an. Wenn eines dieser Muster auf Sie zutrifft, dann sollten Sie sich erst einmal selbst behandeln, bis Sie vollen Erfolg damit haben.

Wir sind niemals vollkommen. Wenn Sie jedoch darangehen, Klienten mit dieser Behandlung zu helfen, dann stellen Sie bitte vorher unbedingt sicher, daß Ihr eigenes Motiv im Leben und bei Ihrer Hilfe für andere wirklich darin besteht, den Menschen helfen zu wollen, frei und gesund zu werden und völlig unabhängig von allen anderen, Sie eingeschlossen.

Wenn ein Klient mit Bauchschmerzen zu Ihnen kommt, dann müssen Sie beide, er und Sie, entscheiden, ob er die Schmerzen so schnell wie möglich los sein will oder die Ursache der Schmerzen. Wenn es ihm um ersteres geht, dann raten Sie ihm besser, zu einem Arzt zu gehen oder sonst eine Art der Behandlung in Anspruch zu nehmen, die schnell und erfolgreich Symptome beseitigen kann. Wenn es letzteres ist, dann muß der Klient verstehen, daß die Schmerzen ihre Ursache möglicherweise in seiner ganzen Einstellung zum Leben haben, seiner Einstellung zu seiner Frau und seinen Kindern und zu seiner Arbeit. Um etwas an seinen Schmerzen zu verändern, ist es vielleicht notwendig, ihn selbst sich ändern zu lassen.

Ihr Motiv sollte sein, die unter den gegebenen Umständen beste Entscheidung zu treffen. Manche Klienten brauchen eine Befreiung von ihren Schmerzen, und Sie können ihnen helfen, obwohl das nicht das wirkliche Ziel dieser Arbeit ist. Wenn jemand unter Verstopfung leidet, können Sie mit einer etwa halbstündigen Behandlung der Becken- und Darmreflexe seinen Darm aktivieren. Natürlich bedeutet das keine Heilung von seiner Verstopfung, aber er kann nun seinen Darm entleeren und fühlt sich wohler. Sie haben sein Verstopfungsmuster bis zu einem gewissen Punkt aufgehoben, aber wenn Sie ihn wirklich heilen wollen, muß Ihre Einstellung eine andere sein als die, Symptome zu beseitigen.

Da ich diese Behandlungweise entdeckt habe und sie als ein Mittel betrachte, um die grundsätzlichen Ursachen von Beschwerden umzuwandeln, mein Motiv also ausschließlich darauf ausgerichtet ist, erziele ich auch immer die entsprechenden Resultate. Es gibt jedoch auch andere, die diese Behandlung oberflächlicher sehen und deshalb auch oberflächlichere Ergebnisse erzielen.

Man kann sich nun fragen, ob es denn noch wichtig ist, zu wissen, wo die Reflexe liegen, wenn das Motiv so wesentlich ist, daß durch dieses allein schon etwas bewirkt wird. Spielt irgendeine der Theorien über dieses Thema dann noch eine Rolle; ist es zum Beispiel wichtig, daß die Lokalisierung der Reflexe in der amerikanischen Zonentherapie anders ist als in der europäischen Reflexzonenbehandlung? Ich habe mich bei der Entwicklung dieser Behandlungsmethode mit dieser Frage beschäftigt, und die Antwort ist, ganz offen gesagt, unklar. Mag sein, daß es keine Rolle spielt. Ich habe mich jedoch Monate und Jahre hindurch an buchstäblich Hunderten von Klienten damit befaßt, wo die Reflexzonen zu finden sind, und ich war schließlich sehr zufrieden, daß die Anordnung der Reflexe, wie ich sie in diesem Buch darstelle, wirkliche Gültigkeit hat. Vielleicht kommt hier auch ein Faktor ins Spiel wie bei der schon erwähnten Radionik-Box, bei der Behandlung und Diagnose nicht von der inneren Struktur des Geräts abhängig sind, sondern von der Qualität und Präzision des Bewußtseins ihres Erfinders und vom Glauben dessen, der sie benutzt. Wie man auch argumentieren will, ich bin jedenfalls zu dem Ergebnis gelangt, daß die hier präsentierte Lokalisierung der Reflexzonen gültig und nützlich ist und daß sie ohne Zweifel funktioniert.

Für viele von Ihnen wird das, was ich über die Gültigkeit der Reflexzonen gesagt habe, sich wie ein Mangel an Vertrauen in die ganze Sache anhören, aber manche werden verstehen, was ich meine: Sie werden verstehen, daß das Muster des Lebens so ist, wie wir es uns wünschen, daß es von der Qualität unseres Bewußtseins, von der

Positivität unseres Denkens und davon, wie wir das Ganze sehen, abhängt. Sie werden verstehen, daß das ganze Bild der Schöpfung im Bewußtsein des Schöpfers ruht und von einem Augenblick auf den anderen neugeschaffen werden kann. Sie werden schließlich verstehen, daß unsere körperliche Existenz selbst unsere eigene Schöpfung ist, unsere eigene Fähigkeit, die Muster, die wir durch unser Erbe und unsere Rasse mitbekommen haben, zu verändern und neuzuschaffen. Es muß klar werden, daß wir die Mittel, diese Veränderung herbeizuführen, zu unserer Verfügung haben, und durch diese Behandlungsmethode haben wir auch die Technik dazu.

Wenn Sie diese Methode therapeutisch einsetzen, so ist Ihr wirkliches Werkzeug Ihr Motiv. Seien Sie in Ihrem eigenen Bewußtsein klar und bestimmt, und Sie werden dieselbe Klarheit im Bewußtsein Ihres Klienten herbeiführen können. Werden Sie sich auch klar über die unbewußten Strömungen in Ihrem eigenen Inneren; lernen Sie sich selbst verstehen und führen Sie so in den Dingen, die zu einem kreativen Leben nicht passen, eine Veränderung herbei.

Wie steht es nun mit dem Motiv des Klienten? Er ist mit der Bitte um Hilfe zu Ihnen gekommen und muß deshalb einen gewissen Willen zur Veränderung haben. Andererseits hat er Schwierigkeiten, und die haben ihn zu Ihnen geführt. Dieser Umstand ist an sich eine negative Motivation, ein passives Akzeptieren der Bedingungen, wie sie nun einmal gerade sind. Die meisten Menschen wollen nur etwas für sich tun, wenn sie ihr Leben unter den herrschenden Bedingungen unerträglich finden. Einige wenige relativ gesunde Menschen möchten noch gesünder werden, möchten den jeweils möglichen besten Zustand erreichen. Normalerweise jedoch sucht der Klient verzweifelt nach Hilfe und ist glücklich, auf die Motivation des Behandelnden einzugehen.

Bei der Behandlung eines zurückgebliebenen Kindes sind am Anfang Ihr eigener Wille und Ihr Motiv das allerwichtigste. Erst allmählich entsteht Selbstbestimmung in dem Klienten, und sein eigener Wille und sein Motiv werden zum beherrschenden Faktor. Meine Beobachtung ist, daß auch im hoffnungslosesten Fall eines zurückgebliebenen und unterentwickelten Kindes unter der Oberfläche seiner Handlungsfähigkeit eine sehr reale Bewußtseinsaktivität stattfindet. Es fehlt nur an der Fähigkeit, seine Motive und Instinkte in Handlung umzusetzen. Wenn Sie das erkennen, werden Sie diesen Kindern in erstaunlich kurzer Zeit zu wirklicher Normalität verhelfen können.

Manchmal werden Sie mit Ihrem Motiv und Willen übernatürliche Kräfte beherrschen müssen. Es gibt zwei Arten, wie ein Klient von außen beherrscht sein kann. Ein sensitiver, übersinnlich begabter Mensch, der einen tiefen Schock erlitten hat oder über lange Zeit hinweg Belastungen ausgesetzt war, kann sich von Geistwesen »besessen« finden, von den geistigen Spuren der Menschen, die in dem Haus oder dem Raum, in dem der Klient wohnt, gelebt und gelitten haben. Es handelt sich hier also um Geister der Vergangenheit, die den gegenwärtigen Bewohner des Raumes beherrschen. Die andere Art des Beherrschtseins von außen kommt nicht in diesem wirklichen Sinne von außen, es ist vielmehr eine Beherrschung von außerhalb des Zeitmusters, ein Einfluß durch Identifikation. Ein Reinkarnationstherapeut würde sagen, es handelt sich um das vergangene Leben des Menschen, das mitwirkt. Diese Frage wird in dem Kapitel »Das pränatale Muster« besprochen.

In beiden Fällen ist die »Besessenheit« des Klienten genau die gleiche Art von Störung, als wenn er Rückenschmerzen hat. Sie behandeln sie in gleicher Weise, und seien Sie sehr fest und bestimmt. Ob diese Erscheinungen in dem Klienten real sind oder anderer Art, Sie behandeln sie immer gleich. Es ist kein wirklicher Unterschied, ob sich jemand beim Autowaschen schmutzig gemacht hat oder ob er sich Handlungen hingegeben hat, die für ihn »schmutzig« und entwürdigend sind. In beiden Fällen ist Reinigung notwendig: im ersteren Fall mit Wasser und Seife, im letzteren durch geistige Klärung und Neuausrichtung. Im Verlaufe dieser Behandlung helfen Sie dem Klienten, in sich selbst die Fähigkeit zu finden, sich von »Unsauberkeiten« zu befreien. Er selber ist es, der schließlich die Dinge abwirft, die ihn beeinträchtigen, und das trifft ebenso auf seine Rückenschmerzen zu wie auf seine »Besessenheit« von Elementen der Vergangenheit.

Es gibt so etwas wie »Exorzismus« der übernatürlichen Elemente. Das ist eine praktische Sache und manchmal notwendig, aber man tut dabei eigentlich nichts, was dem Klienten helfen würde, innerlich stark gegen diese Störungen zu werden. Jede Art von »Etwas-für-den-Klienten-Tun« ist weniger gut, als wenn man ihm hilft, es selbst zu machen. Wenn ein Klient zu krank, zu sehr aller Möglichkeiten der Einflußnahme beraubt oder wenn er selbstmörderisch oder gemeingefährlich ist, dann kann man mit den Mitteln, die in dem Augenblick angemessen erscheinen, etwas für ihn tun. Ihr Motiv ist dabei, den Klienten am Leben zu erhalten und ihm wieder zu voller Herrschaft über sich selbst zu verhelfen.

Gelegentlich werden Sie mit Klienten zu tun haben, die sehr alt und dem Tode nahe sind, oder Klienten, die sowohl physisch wie auch geistig so abnormal sind, daß es für sie ganz natürlich wäre, jeden Augenblick aus dem Leben zu scheiden. In diesen Fällen kann die befreiende Wirkung der Behandlung dazu beitragen, daß sie ganz natürlich und mühelos sterben. Ihr Motiv ist auch dabei, ihnen zu helfen — nicht zu sterben, aber entspannt zu sein, sich wohl zu fühlen und zu tun, was natürlicherweise an der Zeit ist.

Denken Sie immer daran, daß Sie mit der Behandlung bewirken, daß der Klient Herr seiner selbst wird, Schöpfer des Lebens, das er in seinem Körper findet. Sein Motiv ist, diese Fähigkeit zu finden, und das Ihre ist es, ihm dabei zu helfen. Sie sind nur ein Katalysator.

Es gibt sehr viele Heiler verschiedenster Art, Osteopathen, Heilpraktiker, Geistheiler, Radiästhesisten und andere, deren Motive auf das, was sie selber glauben, begrenzt sind. Sie sind völlig ehrlich und in ihrer eigenen Arbeit sehr gut, aber wenn sie die Pränatale Therapie anwenden würden, bekämen Sie nur die Resultate, an die sie selber glauben. Darum geht es aber nicht. Hier geht es darum, dem Menschen zu helfen, sich aus den Grenzen dessen, was er glaubt, hinauszubewegen, möglicherweise auch den Standpunkt des Behandelnden hinter sich zu lassen, und wenn der Behandelnde gute Arbeit leistet, kann er dem Klienten in diesem Bestreben helfen.

Physische Charakteristika der Füße

Nachdem wir die Reflexzonen der Füße betrachtet haben und gelernt haben, wie wir sie behandeln, ist der nächste Schritt, zu wissen, was an den üblichen Mißbildungen, die die Füße eventuell aufweisen, zu erkennen ist. Mißbildungen an den Füßen sind sehr verbreitet, und der durchschnittliche Klient hat (oder hatte einmal) meist eine ganze Reihe davon. Ich glaube allerdings, daß es heutzutage weniger von diesen Beschwerden gibt als früher, weil die Schuhe sowohl in ihrer Form als auch in ihrer Konstruktion sehr viel besser geworden sind. Die Zeit der spitzen Schuhe war sehr schlimm, und auch billige Schuhe haben viele Beschwerden verursacht.

Die Schuhfrage ist der Punkt, den es zu beachten gilt. Die Schuhe sind nicht die primäre Ursache für Fußbeschwerden, sondern sie lassen latent vorhandene Schwächen sichtbar werden. Die wahre Ursache für alles, was mit den Füßen geschieht, sind die Streßmuster in ihnen. Gewöhnlich werden wir mit unseren Spannungen und Belastungen ganz gut fertig, bis irgendeine überwältigende Anstrengung uns darunter zusammenbrechen läßt. Wir neigen dazu, diese letzte Belastung für die Ursache unseres Zusammenbruchs zu halten und nicht weiterzusuchen. Im Falle der Füße sind die Schuhe dieser Faktor, der die latenten Belastungen zum Vorschein kommen läßt.

Wenn ein Schuh dem Fuß gut paßt und sauber und gut gearbeitet ist, dann kann er dem Fuß von selber wenig oder keine Beschwerden zufügen. Schlecht passende Schuhe hingegen reizen und reiben den Fuß und verschlimmern vorhandene Störungen in den Reflexzonen, bis diese in verschiedenen Formen von Fußbeschwerden, wie Blasen, entzündeten Fußballen usw., zum Ausdruck kommen. Eine der Natur des Fußes nicht angepaßte Schuhkonstruktion verändert das ganze Prinzip des Fußes.

Wenn wir von dieser Art der Unnatürlichkeit wirklich frei sein wollen, dann müssen wir barfuß gehen oder Sandalen tragen, die praktisch nur aus einer sehr flexiblen Sohle bestehen. Wenn wir barfuß gehen, sind die Belastungen in unseren Füßen ganz natürlich, und die Fußbeschwerden, die wir eventuell bekommen, sind einfacher als die, die durch Schuhe entstehen. Da wir wohl überwiegend Schuhe tragen, sollten wir auf eine gesunde Form achten.

Natürlich besteht kein Zweifel, daß Sie ohne jegliche Beschwerde alle Arten von Schuhen tragen können, wenn Sie sich von allen inneren Belastungen befreit haben. Es können sogar unbequeme Schuhe sein — sie werden Ihnen dennoch keine Beschwerden machen, weil nichts Negatives in Ihnen ist, was aktiviert werden könnte. Ein wirklich gesunder Fuß läßt sich ohne weiteres zusammendrücken und ist sehr biegsam, und der Körper paßt sich jeder Fußhaltung ohne weiteres an.

Auf den folgenden Seiten werden die Fußbeschwerden, die Sie bei ihren Klienten antreffen können, in Einzelheiten beschrieben und in ihrer Bedeutung erklärt. So wie der gesamte Körperbau gibt Ihnen auch die allgemeine Form der Füße ein gutes Bild von dem betreffenden Menschen, von seiner Kultur, seinen Gewohnheiten und seiner Geisteshaltung. Normale Füße können schmal oder breit sein, einen hohen oder niederen Spann aufweisen und lange, dünne oder kurze, dicke Zehen haben.

Der schmale Fuß ist sensibler und ästhetischer, wohingegen der breite bäuerlich und erdhaft ist. Ein Mensch mit schmalen Füßen geht sehr wahrscheinlich mit einer eher ästhetischen Einstellung ans Leben heran, mehr als ein breitfüßiger Mensch.

Der schmale Fuß zeigt vermutlich ein über mehrere Generationen ererbtes Muster von Kultur und leichtem Leben. Der breite Fuß zeigt das Erbe von praktischer Lebensweise und harter Arbeit. Ein hoher Spann zeugt von Streben und von Talent, das entweder gelebt wird oder als Potential vorhanden ist. Der niedere Spann ist phantasielos und profan. Ein Intellektueller mit schmalen Füßen, hohem Spann und langen Zehen ist vermutlich phantasievoller und künstlerischer begabt. Einer mit breiten, kurzzehigen Füßen und niederem Spann ist eher didaktisch, sachlich und weniger spielerisch. Dieses Thema kann endlos variiert werden.

Unter den abnormalen Fußformen finden wir den Plattfuß, Hammerzehen, geschwollene Füße und geschwollene Fußballen.

Aus herkömmlicher Sicht gesehen bedeutet der Plattfuß eine Schwäche im Fußspann; ich sehe darin jedoch eine außergewöhnliche Belastung eines Körperbereichs — normalerweise der Solarplexusgegend. Der Solarplexusreflex befindet sich an einer Stelle, die, wenn der Reflex sich in einem Zustand starker Reaktion befindet, die Struktur der Spannvorderseite sehr stark beeinträchtigt. Wenn eine solche Reaktion im Säuglingsalter auftritt, verhindert sie, daß der Fuß sich entwickelt und kräftigt, wenn das Kind zu laufen beginnt.

Hammerzehen werden mit Spannung und Streß intellektueller Art in Verbindung gebracht. Der Betreffende hat irgend etwas in sich, was ihn veranlaßt, sich beim Denken anzuspannen. Es kann mit vorgeburtlichen Belastungen und Schwächen im Kopfbereich zu tun haben, die das normale Denken stören. Je nachdem, welche Zehe oder Zehen auf diese Weise gekrümmt sind, kann man sagen, welcher Art die Belastungen sind.

Geschwollene Füße haben gewöhnlich mit dem Kreislauf zu tun, mit einer Trägheit oder Schwäche der ganzen Kreislauffunktion. Achten Sie hier darauf, wie das Aktionsprinzip des Klienten im allgemeinen aussieht.

Wenn es sich um einen kleineren Fußbereich handelt, der geschwollen ist, dann schauen Sie, welches die Funktion dieser Reflexzone ist; Sie werden finden, daß dort ein Element von »Festhalten« oder Trägheit vorhanden ist. Schwellungen über den Knöcheln deuten auf eine Tendenz zu Arthritis hin. Manchmal findet man diese schon bei Kindern: Sie zeigen keine Spur von Arthritis, aber diese Tendenz ist da und kommt später im Leben zum Ausbruch.

Ein geschwollener Fußballen bedeutet eine Störung im Zusammenhang mit den ersten Schwangerschaftswochen, der Zeitperiode, in der das neue Leben darum kämpft, sich niederzulassen. Zu enge und zu spitze Schuhe sind der auslösende Faktor, aber wenn nicht schon eine Schwäche vorhanden wäre, hätte das Gelenk eine natürliche Elastizität gegenüber dem Druck des Schuhs und wäre nicht dauerhaft deformiert. Oft ist diese primäre Schwäche ein Zeichen für Unreife in dem Betreffenden. Heutzutage, wo die Schuhe besser geformt sind, gibt es sehr viel weniger geschwollene Fußballen. Wenn Sie jedoch in diesem Fußbereich des Klienten Spannung und Streß vorfinden, dann muß er mehr Raum für seine Fähigkeiten entwickeln.

Gewöhnlich sind es die Hornhäute, die einem zuerst auffallen, wenn man jemandes Füße betrachtet. Die meisten Menschen haben Hornhaut an den Füßen, aber bei manchen ist es auffällig, ausgeprägte Hornhaut zum Beispiel an den Fersenrändern.

Normale Funktionen sind streßfrei. Normales Gewebe (in dem keine Störung vorhanden ist) zeigt eine positive Reaktion auf Druck und Reizungen, denen es ausgesetzt ist. Hornhäute an den Füßen zeugen von Abnormalität oder von einem Widerstand gegen die Umgebung. Gleich, ob die Füße an Barfußgehen oder an Schuhe gewöhnt sind, formen sich Hornhäute als Reaktion auf Reibung und Reizungen.

Am verbreitetsten ist die Hornhaut um die Fersenränder herum. Diese entsprechen dem Beckenbereich und werden mit der Geburt in Verbindung gebracht. Hornhaut an dieser Stelle zeugt von Aktionswiderstand, von Angst vor Bewegung und Handlung, von Verstopfung, Hämorrhoiden und Menstruationsbeschwerden. Sie deutet auch auf eine bestimmte Haltung des Betreffenden gegenüber seiner Mutter hin. Er ist geistig noch nicht aus dem Mutterleib ausgetreten, was zu einer übertriebenen Anhänglichkeit oder übertriebenem Antagonismus führen kann.

Hornhaut entsteht an der Hautoberfläche; wir betrachten deshalb zuerst die Tatsache, daß die Haut dem Mentalen, einem Teil des Bewußtseins, entspricht (vgl. Kapitel »Das Prinzip der Entsprechungen«); es ist jedoch der oberflächliche Aspekt des Bewußtseins, die Außenseite sozusagen. Wir haben es mit dem Aspekt unseres Bewußtseins zu tun, der unsere äußere Schutzschicht gegen die Umwelt und die Menschen um uns herum darstellt. Wenn wir also Hornhaut an den Füßen sehen, dann denken wir zuerst daran und bringen dies dann in Verbindung mit dem Teil des Fußes, um den es sich handelt. Dann können wir bestimmen, welche Funktion dieses Menschen betroffen ist und welche Geisteshaltung und welche Bilder vorgeburtlicher Belastung darin sichtbar werden.

Es gibt noch eine andere Art von Hornhaut, die ich oft im Laufe einer Behandlung beobachtet habe und die meist mit bemerkenswerter Plötzlichkeit auftaucht und wieder verschwindet. Dies ist die weiche Hornhaut, die sich rasch ausbreitet und eine feuchte, seröse Basis hat. Ich habe erlebt, wie diese Art von Hornhaut sich im Verlauf einer Behandlung gebildet hat, sich dann ablöste und über Nacht erneut bildete, oft bis zu 5 mm dick. Gewöhnlich geschieht das an den Fußsohlen und deutet auf ein rasches und ziemlich unkontrolliertes Abwerfen der oberflächlicheren Aspekte des Bewußtseins hin, auf ein Loslassen, ein Zulassen von Veränderung. Diese Art von Hornhaut findet sich häufiger bei älteren Menschen, die viele Jahre Zeit hatten, ein Verhaltensmuster von Widerstand und Unnachgiebigkeit aufzubauen, bei hartnäckigen Charakteren, die niemals wirklich nachgeben. Dieses plötzliche und tiefe Loslassen kann eine Vorwegnahme des Todes sein, ein Loslassen des Lebens. Achten Sie auf die Umstände, wenn dies geschieht. Wenn der Klient in den Siebzigern oder Achtzigern ist, dann ist es besser, mit der Behandlung aufzuhören oder nur sehr leicht und oberflächlich weiterzubehandeln. Ist er nicht so alt, dann forschen Sie im Muster seiner Motivationen, ob ein versteckter »Todeswunsch« in ihm ist. Überlegen Sie, ob Sie ihn nicht besser auf andere Weise behandeln, und ändern Sie gegebenenfalls Ihr eigenes Motiv.

Ein weiteres Hautmerkmal derselben Kategorie, das auch von örtlichen Reizungen und Reibungen des Fußes hervorgerufen wird, sind Blasen. Diese können tief oder oberflächlich sein; es gibt Blasen in der Knochen- oder in der Oberflächenhaut. Das Prinzip ist bei beiden das gleiche.

Blasen entstehen durch Reibung, aber sie treten nur dann auf, wenn sich die Hautoberfläche in einem reaktionsschwachen Zustand befindet, einem Zustand unglücklicher Reaktionen auf das Leben. (Im Kapitel über Polarität steht mehr über Reaktionen).

Eine Hornhaut bringt etwas nach außen; es ist eine nach außen gerichtete Reaktion auf Reizung und Reibung. Eine Blase hingegen geht nicht nach außen; sie ist ebenfalls eine Reaktion auf Reizung und Reibung, aber eine emotionale und weniger selbstbewußte.

Hühneraugen sind eine der häufigsten Fußbeschwerden. Sie sind die lokal begrenzte Reaktion eines Reflexpunktes, genauer, spezifischer und punktueller als die anderen Reaktionen. Eine Warze am Finger ist etwas Ähnliches; während ein Hühnerauge jedoch einem mentalen Zustand entspricht, kommt die Warze vom Knochen her und hat ihren Ursprung im pränatalen Grundmuster. Sowohl Hühneraugen wie auch Warzen sind feine Punktreflexe und beziehen sich nicht auf größere Bereiche. Hühneraugen entstehen durch drückende Schuhe, Warzen hingegen sind keine Reaktion auf Druck, sondern evtl. von kleinen Verletzungen verursacht; gewöhnlich werden sie auch mit Abwehrschwäche in Verbindung gebracht.

Es gibt eine Art von Hühnerauge, das oben auf der sogenannten Hammerzehe entsteht; die Ursache dafür ist in der Hammerzehe zu suchen. Ausgelöst wird es jedoch vom Druck des Schuhs auf die Zehe.

Ein ähnlicher Schmerz wie der von Hühneraugen ist der Mittelfußschmerz, der an einem überempfindlichen Punkt in der Fußsohle auftritt. Es heißt, daß es sich hierbei um eine Störung in der Nervenendung handelt, und gewöhnlich wird der entsprechende Nerv entfernt. Ich habe jedoch gefunden, daß es, wie bei anderen Beschwerden, um eine Störung des entsprechenden Körperteils geht und daß sie ebenso behandelt werden kann. Da diese Störung im Mittelfuß, also im Reflexbereich der Lungen, auftritt, müssen wir fragen, was diese für eine Bedeutung haben. Sie sind ein Aspekt des Geistigen und haben mit der Reinigung des Blutes und der Aufnahme von Sauerstoff zu tun. Wir betrachten also den Bewußtseinsaspekt, der mit unserer Einstellung zu dem, was um uns herum und über uns ist, zu tun hat, das heißt unser Bestreben und unsere Bereitschaft, uns auf die Quelle des Lebens einzustimmen, unsere Fähigkeit, die Gefühle und Emotionen damit in Verbindung zu bringen.

In Längsrichtung gekrümmte Zehennägel haben die Bedeutung einer begrenzten, abgeschlossenen kulturellen Einstellung. Diese Eigenart hängt eher mit den ererbten Anlagen zusammen als mit dem funktionalen Bewußtsein. Sie kann aber auch der Umgebung des Nagels zugeschrieben werden, etwa einer Störung des darunterliegenden Nagelbettes.

Eingewachsene Zehennägel bedeuten, daß die Ecken des Nagelbetts der großen Zehe sich in einem Störungszustand befinden; die äußere Ecke der großen Zehe ist die Reflexzone für die Zirbeldrüse, und wenn dieser Bereich gestört ist, dann wächst der Nagel dort tiefer ein.

Gefurchte Nägel haben mit einer Konstitutionsschwäche zu tun und zeugen von mentalen Spannungen, einem rheumatischen Zustand. Weiße Flecken auf den Nägeln entstehen in Zeiten, in denen der Betreffende eine gesundheitliche Krise durchmacht.

Alle Arten von Fußbeschwerden, wie zum Beispiel Fußpilz oder Warzen, die durch Berührung übertragen werden, können als Aspekt des Bewußtseins betrachtet und in Zusammenhang gebracht werden mit der Stelle, wo sie auftreten und mit ihrer Beschaffenheit, ob sie fest und trocken oder sehr flüssig sind. Bei einem vollkommen gesunden Menschen würden solche Beschwerden nicht auftreten.

Kitzeligkeit, Überempfindlichkeit und Schmerz in den Füßen sind alles Varianten ein und desselben Zustandes, nämlich Anzeichen von Spannung und Streß in den betreffenden Reflexbereichen. Kitzeligkeit ist eine Reaktion auf leichte Berührung, bei fester Berührung verschwindet sie schnell. Überempfindlichkeit ist der Ausdruck einer Störung in den tiefsitzenden Reflexen und ist länger anhaltend als Schmerz, welcher eine akute Störung anzeigt.

Die verschiedenen Störungen im Kopfbereich können in der gleichen Weise interpretiert werden. Schmerz in der Kopfoberfläche, wenn er mit Sicherheit in der Schädeloberfläche lokalisiert werden kann, weist auf eine aktive Veränderung in dem der Reflexzone entsprechenden Körperteil hin.

Empfindliche Kopfhaut läßt sich in der gleichen Weise interpretieren.

Ausschläge auf der Kopfhaut können bei Verdrängung oder Störungen in den Emotionen auftreten und müssen im Zusammenhang mit dem Körperteil, der dem Reflex entspricht, gesehen werden.

Ich habe des öfteren etwas bemerkt, was sich wie eine weiche Stelle im harten Schädelknochen anfühlt, und es muß als eine tiefe Veränderung in der betreffenden Funktion interpretiert werden.

Denken Sie daran, daß wir es bei den Kopfreflexen nicht so sehr mit physischen Funktionen zu tun haben als vielmehr mit einem Aspekt der Intelligenz, die damit in Zusammenhang steht. Bei den Handreflexen haben wir es einfach mit einem Aspekt der ausführenden Fähigkeit des Klienten zu tun.

Haarausfall und Glatze zeugen von einer allgemeinen Hemmung oder Spannung in dem mit dem betreffenden Reflex assoziierten Bereich. Graues Haar bedeutet eine Erschöpfung der Vitalität der ganzen Funktion des Kopfes — des intelligenten Umgangs mit dem Leben.

Das Prinzip der Entsprechungen

In diesem Kapitel geht es darum, zu zeigen, daß kein Teil der Körperfunktion von den anderen Teilen getrennt ist; es geht um die Einheit von Körper und Geist und um die Beziehung zwischen physischem Körper und geistiger Funktion einerseits und dem Lebensprinzip, das sie durchdringt, andererseits.

Wenn wir Abb. 17 betrachten, sehen wir den Körper, wie wir ihn zu sehen gewohnt sind. Auf Abb. 18 sehen wir die Organe im Inneren des Körpers. Abb. 19 zeigt das Skelett, das die Form des Körpers aufrechterhält.

Der Körper als Ganzes ist das »Selbst«, mit dem wir leben. Das Innere, die Muskeln, Organe, Nerven und Gefäße sind der Ausdruck des »Bewußtseins«, das detaillierte Muster unserer ganz speziellen Weise, die verschiedenen Aspekte des Lebens zum Ausdruck zu bringen. Das Skelett ist die grundlegende Struktur, gebildet aus allen Faktoren, die im Augenblick der Empfängnis in die Entstehung dieses Lebens eingeflossen sind.

Im Skelett ist die Wirbelsäule der zentrale Pfeiler, auf dem alles ruht. Auf Abb. 20 sehen wir das Skelett mit einer gestrichelten Linie durch die Mitte der Wirbelsäule und des Schädels. Diese Linie verkörpert den Verlauf des »Lebens«-Prinzips, das von der Zirbeldrüse ausgehend durch die Hypophyse in die Wirbelsäule und hinunter zum Steißbein oder Ende der Wirbelsäule läuft.

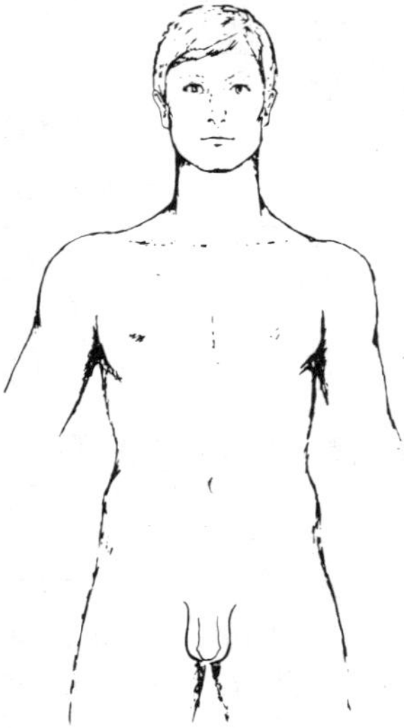

Abb. 17

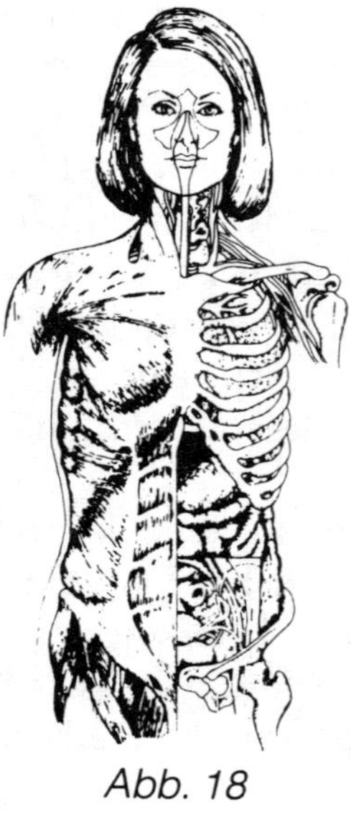

Abb. 18

Diese Linie der Lebensenergie ist das vitale Prinzip unseres Lebens, von ihr gehen Gesundheit und Wohlbefinden des ganzen Körpers aus. Die Wirbelsäule ist der Ort, wo Blockierungen auftreten, die den freien Fluß der Lebensenergie stoppen, so daß sie sich in den blockierten Bereichen unnatürlich aufstaut und konzentriert. Diese Blockaden sind die Quellen chaotischer Energie, die von der Wirbelsäule in die Körperorgane ausstrahlt und Störungen, Krankheiten und Leiden verursacht.

Im Kapitel über die »Zentren der Lebensenergie« gehen wir näher auf diese Störungen ein. Hier wollen wir nur darauf hinweisen, daß es diese Energielinie gibt und daß sie mit der Wirbelsäule assoziiert ist.

Auf Abb. 21 sehen wir dieselbe Linie der Lebensenergie, diesmal mit drei waagerechten Linien, eine durch den Schädel, eine durch die Schultern und eine durch die Hüften. Diese drei Linien entsprechen drei grundlegenden Aktionsarten, die wir die ganze Zeit über benutzen: Denken, Tun und Gehen. Wenn ich einen Füller vom Schreibtisch nehmen will, dann muß ich zuerst an den Füller denken, dann ein paar Schritte zum Schreibtisch tun und schließlich den Füller tatsächlich aufnehmen. Das erste ist eine Aktivität des Kopfes, das zweite eine Aktivität des ganzen Körpers und das dritte eine Aktivität der Hand.

Diese drei Aktionsarten sind an allem beteiligt, was wir tun, auch wenn es nicht die Hände sind, die die Handlung ausführen, sondern vielleicht der Mund, oder wenn das »Gehen« nicht wirklich mit den Füßen geschieht, sondern durch eine Bewegung des Körpers auf den Gegenstand zu. Das erste betrifft das Motiv zum Handeln, das zweite die Fähigkeit zu handeln und das dritte die Handlung selbst. Störungen im Menschen treten in der einen oder anderen dieser drei Aktivitäten auf.

Wir wollen nun wieder das Bild des Körpers auf Abb. 17 anschauen und ihn in seinen verschiedenen Teilen betrachten. Diese Teile sind uns alle ziemlich vertraut, weil wir sie dauernd und jeden Tag benutzen.

Der Kopf enthält alle die Teile, mit denen wir unsere Umgebung und die Menschen um uns herum einschätzen. Wir horchen, riechen und schauen. Vielleicht nehmen wir einen Gegenstand mit den Händen

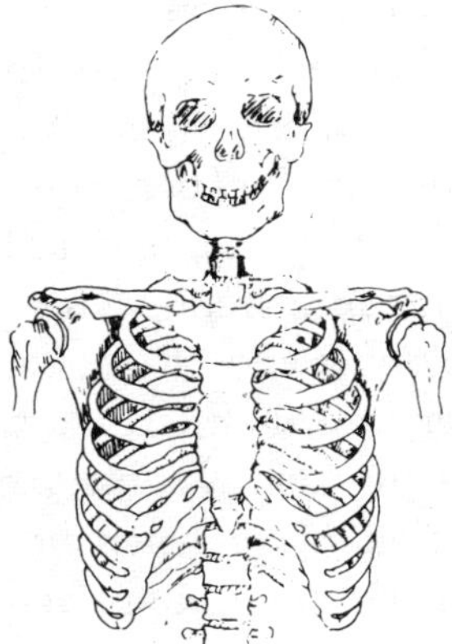

Abb. 19

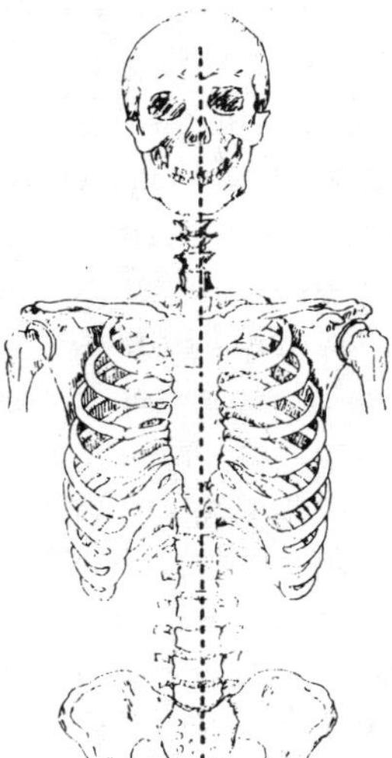

Abb. 20

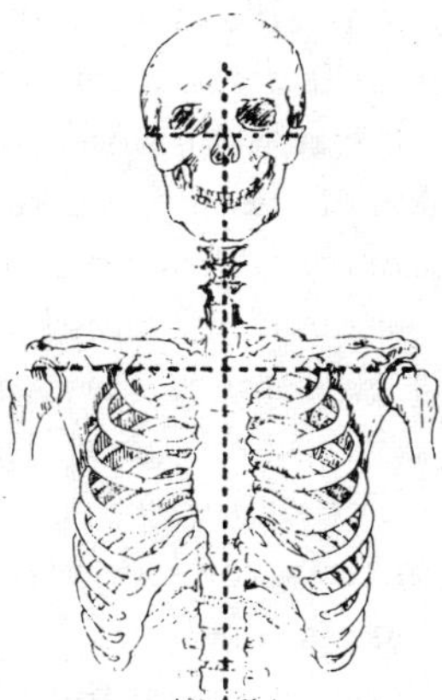

Abb. 21

auf und befühlen ihn auf seine Temperatur und Beschaffenheit. Wir kosten ihn vielleicht, um zu sehen, ob er sauer oder süß ist. Wir haben damit alle Sinnesorgane benutzt, und mit Ausnahme der Hände befinden diese sich alle im Kopf.

Wenn wir unsere Hände benutzen, um einen Gegenstand aufzunehmen, müssen wir auch die Schultern gebrauchen und den oberen Teil der Wirbelsäule bewegen. Wenn wir irgend etwas tun wollen, müssen wir dazu unsere Schultern, Arme und Hände gebrauchen.

Der mittlere Teil des Körpers wird gewöhnlich nicht bewußt und aktiv benutzt, denn er enthält alle Verdauungsorgane, die automatisch arbeiten. Wir sind uns dieses Teiles jedoch sehr wohl bewußt, wenn es dort Störungen gibt.

Wenn wir in den Garten hinausgehen wollen, bewegen wir den ganzen Körper, und diese Bewegung geht hauptsächlich von den Hüften aus. Wenn wir uns hinsetzen würden, bekämen die oberen Beinmuskeln und die Muskeln des unteren Rückens eine Hauptrolle. Die Aktivität findet rund um das Kreuzbein und die Hüftgelenke statt. Wir bewegen die Beine, um dorthin zu gelangen, wo wir hinwollen.

Alle diese Bewegungen und Aktivitäten des Körpers sind uns sehr vertraut. Wir sind uns dessen bewußt, daß wir für den Teil unserer Aktivität, der mit Denken und Motivation zu tun hat, den Kopf benutzen, daß wir Arme und Schultern benutzen, wenn wir etwas tun, und daß wir die Hüften und die Beine benutzen, wenn wir spazierengehen.

Sogar wenn wir am Abend im Lehnstuhl vor dem Feuer sitzen, ein Getränk auf dem Tisch neben uns stehen haben und ein Buch in der Hand, sind wir in denselben Aktivitätsprozeß verwickelt. Was tun wir mit unseren Händen? Wir halten das Buch und blättern die Seiten um. Gelegentlich strecken wir unsere Hand nach dem Glase aus, um einen Schluck zu nehmen. Wenn wir die Seite umblättern, sind es unsere Sinnesorgane, die Augen, die uns dazu veranlassen, weil wir beim Lesen das Ende der Seite erreicht haben. Es sind jedoch die Hände und Schultern, die das Umblättern besorgen. Und dabei wird ganz leicht das ganze Körpergleichgewicht, das auf den Hüften ruht, verändert, und der Rücken wird gedreht. Es sind die drei grundlegenden Muster des Aktionsprinzips, die die ganze Zeit über benutzt werden.

Wenn wir mit den Prinzipien der pränatalen Veranlagung arbeiten, dann sind es diese drei Aspekte der Aktivität, mit denen wir es die ganze Zeit zu tun haben. Wenn die Motivation schwach ist, behandeln wir den Kopf; ist die Handlungsfähigkeit schwach, so behandeln wir die Hände; ist die Fähigkeit zur Bewegung, zum Gehen, schwach, so behandeln wir die Füße.

Nun wollen wir Abb. 18 betrachten, die inneren Organe des Körpers. Diese sehen wir gewöhnlich nicht und denken auch nicht darüber nach, weil sie in einem gesunden Körper automatisch funktionieren. Ihre Funktionen interessieren uns jedoch insofern, als jede davon einen anderen Aspekt des Bewußtseins und unseres Ausdrucks der drei obengenannten Aktionsprinzipien verkörpert.

Zusätzlich zu dieser Klassifizierung gibt es eine weitere, in der wir erkennen können, wie die verschiedenen Körperfunktionen verschiedene Aspekte des Bewußtseins widerspiegeln.

Die Knochenstruktur stellt das grundlegende Muster dessen dar, womit wir bei der Empfängnis das Leben begannen. Man kann dies den »geistigen« oder »Lebens«-Faktor nennen; er enthält jedoch auch die Erbanlagen, die karmischen Bedingungen und alle anderen Faktoren, die dem neuen Leben aufgebürdet oder von ihm angezogen worden sind.

Die Wirbelsäule ist das Zentrum dieser Struktur; sie stellt das pränatale Muster dar, auf dem der Schwerpunkt dieser Arbeit liegt. Auf der Wirbelsäule basiert die Erweiterung dieses Prinzips in die drei obengenannten Aktionsformen, das Prinzip des Denkens, des Tuns und des Gehens, hier ausgedrückt durch Kopf, Schultern und Becken.

Die weichen Körpergewebe sind Ausdruck der mentalen Funktion, der Funktion, durch die wir das in der Knochenstruktur angelegte Grundmuster zum Ausdruck und zur Anwendung bringen. Die Knochenstruktur ist das, was wir am Anfang haben. Die Struktur der weichen Körpergewebe ist, was wir daraus gemacht haben.

Die Struktur der weichen Gewebe hat verschiedene Unterteilungen. Da gibt es die Muskelstruktur, die den Knochen anhaftet und uns unsere Beweglichkeit verleiht. Von dieser Muskelstruktur sehen wir etwas auf Abb. 18. Im Kopf, im Hals und unter den Rippen befindet sich die Struktur der Luftversorgung, zu der die Stirnhöhlen, die Kehle, die Bronchien und die Lungen gehören. Zwischen den Lungenflügeln liegt ein Mechanismus zum Pumpen des Blutes, das Herz. Darunter befinden sich alle Organe der Nahrungsaufnahme und der Ausscheidung — sozusagen die Zentrale für die Erhaltung des physischen Lebens im Körper. Im Becken befinden sich die Fortpflanzungsorgane. Alle Organe sind durchdrungen vom Nervensystem, das die Kommunikation durch die ganze Struktur hindurch und damit die Koordination und Zweckmäßigkeit des Ganzen gewährleistet. Schließlich durchzieht das Ganze ein System von Gefäßen, die die Flüssigkeiten transportieren. Diese Körperflüssigkeiten sind es, die die Energie oder den Antrieb unseres geistigen und emotionalen Selbst zum Ausdruck bringen.

Die drei Ausdrucksaspekte, die Knochenstruktur, die weichen Gewebe und die Flüssigkeiten, sagen uns alles, was wir über das Leben des betreffenden Menschen wissen wollen. Muskelbeschwerden deuten auf geistige Unbeweglichkeit hin. Herzbeschwerden weisen darauf hin, daß ein Aspekt des Bewußtseins mit einer ganz bestimmten Fähigkeit auf Kriegsfuß steht, nämlich der, den Organismus mit lebensspendender Nahrung zu versorgen, jede Zelle mit Leben zu durchdringen. Es ist ein emotionaler Faktor. Leberbeschwerden deuten eine Aktionshemmung in dem Bereich an, der mit der Aufrechterhaltung des Lebens zu tun hat. Blasenbeschwerden weisen auf einen Konflikt in der Fähigkeit hin, sich von den emotionalen Mustern der Vergangenheit zu befreien. Arterienverhärtung bedeutet eine starre Haltung gegenüber dem freien Fluß der Gefühle.

Wir wollen nun die verschiedenen Bereiche im einzelnen betrachten. Wir beginnen mit dem Kopf und betrachten das Gehirn, den Zentralcomputer des Nervensystems. Das Nervensystem ist das Kommunikationsnetz des Körpers. Es hält jeden Körperteil in Verbindung mit allen anderen Teilen. Jede Zelle hat das Gedächtnis und das Bewußtsein aller anderen Zellen. Nichts im Körper steht als getrennte Einheit abseits, und es ist das Nervensystem, das die Kommunikation in diesem System von Zellen und Organismen aufrechterhält. Es gibt lokale »Gehirne« oder Ganglien, die als lokale Intelligenzzentren fungieren, aber buchstäblich alles, was wir hören, sehen, schmecken, fühlen und auf irgendeine Weise erleben, wird vom Gehirn registriert und in die Zellstruktur des Körpers als Ganzen eingebaut.

Im Mechanismus des Gehirns gibt es eine Drüse, die wir als Zirbeldrüse kennen. Wir können darüber in jedem Physiologiebuch einiges lesen und werden alles, was über ihre physischen Funktionen bekannt ist, daraus erfahren. Uns geht es in dieser Arbeit jedoch mehr um ihren Zusammenhang mit der Ganzheit des Lebens.

Vom esoterischen Standpunkt aus müssen wir wissen, daß sie dem höchsten der Chakren oder Lebenszentren entspricht, die das physische Sein mit »Leben« durchdringen.

Vom Standpunkt der Pränatalen Therapie aus ist die Zirbeldrüse der erste Punkt, der die nicht-materiellen Aspekte des neuen Lebens ausdrückt. Die Reflexzone für die Zirbeldrüse befindet sich an der mittleren, oberen Kante der großen Zehen. Hier können wir über Einflüsse auf das künftige Leben Aufschluß erhalten, die aus den Bereichen der Raumzeit kommen. Die Zirbeldrüse ist der Teil von uns, der sein Bewußtsein außerhalb der physischen Struktur manifestiert. Obwohl sie physisch im Kopf liegt, stammt ihr Einfluß aus einem Bereich, der nicht-materiell genannt werden kann.

Der nächste für unsere Arbeit wichtige Aspekt ist die Hypophyse. Dieses Organ liegt unterhalb der Zirbeldrüse, hinter der Nasenbrücke und gerade oberhalb der Keilbeinhöhle.

Die Zirbeldrüse bringt einen ganz und gar nicht-physischen Aspekt unseres Lebens zum Ausdruck, die Hypophyse hingegen einen Aspekt des »höheren Bewußtseins«. Wir haben es hier mit einer Bewußtseinsform zu tun, die schon »endlich« ist, und doch ist sie noch nicht von der physischen Struktur dieses Lebens. Man könnte sagen, daß die Zirbeldrüse das absolute Lebensprinzip darstellt und die Hypophyse dies in eine Form umsetzt, die dem menschlichen Bewußtsein verständlich ist, und nur so kann es auf der physischen Ebene der Empfängnis aufgenommen werden.

Unterhalb der Hypophyse liegt die Keilbeinhöhle (vgl. Abb. 22), die erste in einer Reihe von Höhlungen, die im Muster der Entsprechung der verschiedenen Kopfteile sehr wichtig sind.

Die Höhlungen des Kopfes sind Gefäße, die ihre Funktion auf einer gedanklichen Ebene des Bewußtseins haben. Zirbeldrüse und Hypophyse sind Organismen, sie sind ein Teil des Polaritätsprinzips in uns, des »Lebens«-Flusses durch unsere Struktur; die Kopfhöhlen hingegen sind so etwas wie »Resonanzkörper« für die Gedankenerzeugung.

Die Keilbeinhöhle entspricht dem Licht des Lebens, dem ersten Ursprung unserer Gedanken. Sie befindet sich gerade unterhalb der Hypophyse und bezieht aus dieser die Art ihres Bewußtseins. Sie ist ungeheuer aktiv, wie die Sonne, und gibt Energie in die Gedanken. Auf Abb. 18 ist sie nicht eingezeichnet, aber auf Abb. 22 ist sie deutlich zu sehen.

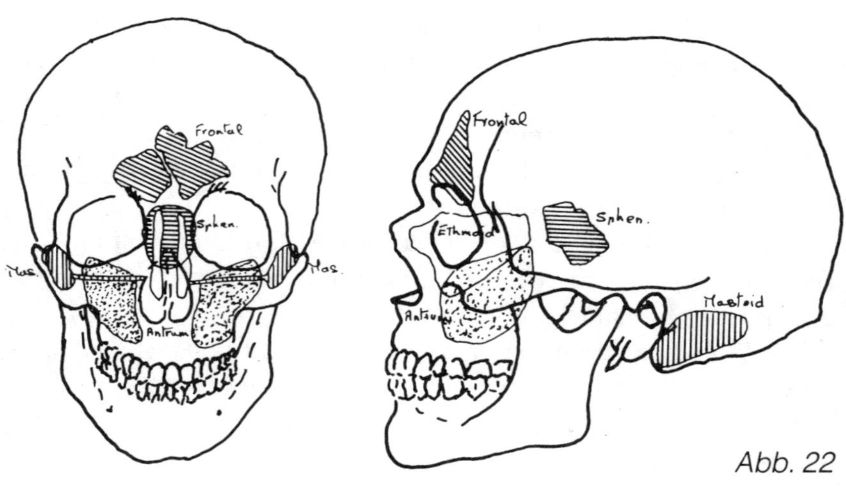

Abb. 22

Zwischen den Augenbrauen sehen wir auf Abb. 18 und 22 die Stirnhöhle. Diese fungiert als Suchscheinwerfer für die Gedanken. Wenn wir einen Gedanken auf einen anderen Menschen richten, dann strahlt er von dieser Stirnhöhle aus. Es geht hier um die Ebene der Gedankenübertragung, die sich von der gewöhnlichen Ebene der faktischen Gedanken unterscheidet. Die Höhlen, die die Gedanken dieser faktischen Ebene manifestieren, sind die Oberkieferhöhlen.

Zwischen den Augen und vor der Keilbeinhöhle befinden sich zwei enge Höhlungen, die Siebbeinhöhlen. Diese haben eine Zwischenträgerfunktion: Sie bringen das über das Sehen Wahrgenommene mit dem Bereich der Gedanken in Verbindung.

Verbunden mit der Knochenstruktur um das Innenohr herum sind die Mastoidalhöhlen. Diese entsprechen der äußeren Manifestation oder dem peripheren Prinzip der Gedankenfunktionen, das an anderer Stelle besprochen wird. Diese Höhlungen sind kreativ und aktiv.

Alle diese Höhlungen sind Luftkammern. Sie sind Höhlen in der Knochenstruktur des Schädels, die mit Schleimhäuten ausgekleidet sind und durch Verbindungsgänge in die Nase freien Zugang zur Luft haben. Das Luft- oder Raumprinzip entspricht dem Bereich der Gedanken.

Die Nasenhöhlung hat direkt mit der Luft zu tun und ist der Kanal, durch den die Luft die Kopfhöhlen und auch die Lungen erreicht. Der Mund ist in dieser Hinsicht von sekundärer Bedeutung.

Auf Abb. 23 sehen wir die Kopfhöhlen und die Höhlungen von Nase und Mund. Durch die Kehle hinunter verläuft die Luftröhre, die dann in die Bronchien und schließlich in die Lungen übergeht.

Während die Kopfhöhlen dem Bereich der Gedankenkommunikation entsprechen und die Verbindung zwischen dem Bereich von Raum und Zeit und dem denkenden Bewußtsein herstellen, sind die Lungen das Bindeglied zwischen ebendiesem Bereich des äußeren planetarischen Bewußtseins und dem Körper, wo die wesentliche Substanz der Umgebung — der Sauerstoff — ins Blut übertragen wird,

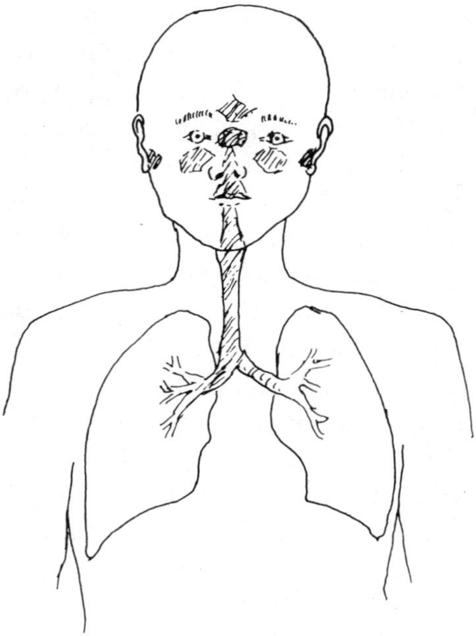

Abb. 23

um dann in die Körperzellen verteilt zu werden. Die Lungen haben also für den Körper dieselbe Funktion wie die Kopfhöhlen für den Geist.

Die Kopfhöhlen sind aus Knochensubstanz, während die Lungen aus weichem Gewebe bestehen. Dies gibt den Kopfhöhlen ihren Platz im Bereich der Primärstruktur, wobei ihre Auskleidungen bereits in den Bereich der weichen Gewebe, bzw. des Denkens fallen; die Lungen hingegen gehören vollständig zur »mentalen« Struktur.

Gerade unterhalb der Lungen finden wir das Zwerchfell, welches den oberen Teil des Körpers vom unteren trennt. In unserer Betrachtungsweise können wir sagen, daß die obere Körperhälfte die humane und die untere die animalische ist. In der oberen Hälfte haben wir es mit der Kommunikation mit den weiteren Bereichen des Bewußtseins zu tun, in der unteren geht es um den physischen Erhalt des Körpers.

Zwischen den Lungen und noch oberhalb des Zwerchfells liegt das Herz. Das Herz ist ein starkes, muskuläres Organ; es ist zwar ein Teil der »mentalen« Struktur, aber es hat auch mit der Verteilung des Blutes durch den Körper zu tun.

Das Blut ist eine der verschiedenen Körperflüssigkeiten, und diese Flüssigkeiten entsprechen den Emotionen oder Gefühlen. Man kann die Art und Weise, wie diese Flüssigkeiten den Körper durchdringen, als eine Fortsetzung des grundlegenden »Lebens«-Prinzips sehen. Diese Lebensenergie, die mit der Wirbelsäule und dem pränatalen Muster verbunden ist, geht von der Zirbeldrüse aus und läuft durch die vitalen Zentren des Körpers hinunter; in der Hypophyse verändert sie ihre Beschaffenheit und wird zu Gedanken. In der Lunge verändert sie ihre Beschaffenheit nochmals und wird zur Nährflüssigkeit für die Körperzellen. Wenn wir die weichen Körpergewebe als mentale Substanz betrachten, so sehen wir, daß diese Durchdringung mit lebensspendender Energie den Gefühlen und Emotionen entspricht.

Unter dem Zwerchfell liegen alle Organe, die Nahrung aufnehmen, sie verwandeln und daraus die Bestandteile, die wir für den Erhalt des Körpers brauchen, herstellen. Da ist die Leber, der Hauptproduktionsbetrieb, der durch das Blut Nahrung aus dem Darm aufnimmt, sie verarbeitet und in die Körperzellen verteilt. Der Magen empfängt die Nahrung aus dem Mund, verändert sie so, daß sie aufnehmbar wird, und schickt sie in den Dünndarm. Dort werden die wesentlichen Stoffe entnommen, und der Abfall wird in den Dickdarm weitergeleitet, wo ihm Flüssigkeit entzogen wird; der Rest wird durch den After ausgeschieden. Die Milz reguliert das Blut. Die Nieren ziehen giftige Abfallstoffe aus dem Blut und scheiden sie aus. Die Blase empfängt die flüssigen Abfallstoffe aus den Nieren und speichert sie, bevor sie durch die Harnröhre ausgeschieden werden.

Bei der Frau empfängt der Uterus nach dem Eisprung das Ei, und beherbergt nach einer Befruchtung das sich entwickelnde neue Leben. Die Eierstöcke liefern die geschlechtsspezifischen Merkmale der Frau und sorgen bei der Empfängnis für den weiblichen Anteil der ersten Zelle. Beim Mann liefern die Hoden die geschlechtsspezifischen Merkmale, und bei der Fortpflanzung liefern sie den männlichen Anteil der ersten Zelle. Alle diese Gewebe sind durchzogen von Nerven, die für die Kommunikation sorgen, und von Blut- und Lymphgefäßen, die Nahrung und damit Leben bringen.

Der Körper als Ganzes ist das Bewußtsein. Jede Zelle enthält das ganze Muster des gesamten Bewußtseins des Körpers und ist, innerhalb ihrer begrenzten Kapazität, identisch mit dem ganzen Menschen. Jede Zelle hat ihr Gedächtnis, und wie die Koordination dieser Gedächtnisse funktioniert, hängt von der Gesundheit des Körpers als Ganzem und von der Qualität des Nervensystems ab. Blockaden im pränatalen Muster beeinträchtigen die Funktion der weichen Körpergewebe und dadurch auch die Qualität der Denkfunktion. Die Primärstruktur der Knochen ist so, wie sie bei der Zeugung geschaffen wurde; die sekundäre Struktur der weichen Gewebe wird durch die Primärstruktur beeinflußt und modifiziert und auch durch die Art und Weise, wie wir sie benutzen und behandeln — wobei dies wiederum von der Primärstruktur abhängig ist. Wie die Körperflüssigkeiten diese Strukturen durchdringen, wird vom »Lebens«-Prinzip in uns beeinflußt. Es entspricht der Durchdringung mit Primärenergie, wird jedoch sowohl durch die Primärstruktur der Knochen wie durch die sekundäre Struktur der weichen Gewebe modifiziert.

Wenn wir den Körper solcherart als einen Organismus betrachten, dann sehen wir ihn nicht als eine Anhäufung von getrennten Teilen und Funktionen — verstopfter Darm, klopfendes Herz, geschwollene Leber —, sondern als integriertes Ganzes, das sowohl eine physische wie eine mentale Funktion hat. Außer dieser physischen und mentalen Funktion hat der Mensch auch eine Aufgabe als Mittler gegenüber den Schöpfern dieses Planeten und Universums in bezug auf deren Regenerierung und Verwandlung innerhalb der kosmischen Gesamtstruktur. Das ist die Verantwortlichkeit des Menschen; er ist der Mittler der »Götter«.

In der Heilkunde besteht die Tendenz, jeden Teil des Körpers und des Bewußtseins separat zu behandeln. Das geht nicht an. Wir können noch nicht einmal die verschiedenen Funktionen des Körpers getrennt behandeln. Wenn in irgendeinem Teil oder irgendeiner Funktion des Körpers etwas schiefgeht, dann ist mit dem Körper und Bewußtsein als Ganzem etwas schiefgegangen. Ein Fehler in der Grundstruktur des pränatalen Musters beeinträchtigt und hemmt den Gesamtbereich des Lebens. Bis jetzt hat es kein Mittel gegeben, eine solche Blockade in der Grundstruktur vollständig aufzulösen. Die Pränatale Therapie jedoch kann auf diese Struktur einwirken und sie verändern.

Polarität

Polarität ist die Richtung des Bewußtseins. Im vollkommenen Zustand geht diese Richtung von innen nach außen, von der Mitte hinaus an die Peripherie und darüber hinaus.

In einem negativen Zustand ist sie umgekehrt oder weicht in der einen oder anderen Weise von der richtigen Polarität ab; manchmal geht sie vom umgekehrten Zustand noch in eine weitere Stufe von »Negativität« über, das ist der Zustand der Psychose.

Wenn das Bewußtsein nach innen zentriert ist, ist es negativ, nach außen zentriert ist es positiv. Wenn es nach innen zentriert ist und noch weiter negativ wird, geht es in eine falsche Positivität über, den psychotischen Zustand.

Polarität besteht ganz einfach darin, ob das Bewußtsein um sich selber kreist oder ob es in die Welt hinausschaut.

Das eine Thema, das alle Aspekte der Pränatalen Therapie durchzieht, ist die Auflösung von Blockaden im pränatalen Muster und die Wiederherstellung des freien Flusses des »Lebens«-Prinzips im Menschen.

Dies ist in zahlreichen Techniken und Philosophien aller Zeiten ein Gegenstand der Überlegung gewesen. Alle mögliche Religionen, Therapien, Lehren, Kulte und Methoden haben zum Ziel gehabt, die Polarität wiederherzustellen.

In der Pränatalen Therapie geht es uns nicht um die Wiederherstellung der Polarität als solcher. Unser Ziel ist es, die Blockaden im Fluß der Zeit zu lockern und aufzulösen, die im freien Fluß des Bewußtseins, der uns befähigt, die Polarität aufrechtzuerhalten, der hemmende Faktor sind.

Polarität ist das Hauptthema zahlreicher Denkrichtungen der Vergangenheit gewesen — die Konzentration des Bewußtseins auf sich selbst. In der Pränatalen Therapie ist die Wiederherstellung der Polarität ein Nebenprodukt und geschieht, ohne daß wir uns darauf konzentrieren müßten, denn es sind die Blockierungen in uns, die der natürlichen Polarität im Wege stehen. Polarität ist eine spontane und natürliche Funktion und kann nicht erreicht werden, indem man sich darauf konzentriert, ebensowenig wie durch bewußte Anstrengung der Herzschlag verändert werden kann.

Es gibt zwei Prinzipien im Leben, deren Interaktion das normale Gleichgewicht der Funktionen aufrechterhält. Über diese ist so oft gesprochen worden, daß es unnötig ist, noch in Einzelheiten darauf einzugehen. Sie sind das Yin und das Yang, der Vater im Himmel und Mutter Erde, positiv und negativ, Geist und Materie. Sie sind zum größten Teil eine menschliche Schöpfung, aber bis zu einem gewissen Punkt drücken sie die Idee der Polarität aus und geben uns ein Konzept, mit dem wir uns auseinandersetzen können.

Zweifellos fühlen wir uns besser, wenn wir im Einklang sind; der Mensch muß jedoch in ziemlich phantastische Extreme religiöser und esoterischer Manipulation gehen, um diesen Zustand zu erreichen. Meine Absicht ist es hier, die Sache so darzustellen, daß ihr relativer Stellenwert deutlich wird. Ich habe bereits darauf hingewiesen, daß wir in der Pränatalen Therapie am Mechanismus der Polarität nicht direkt interessiert sind, weil wir im selben Maße, in dem wir das pränatale Muster von Blockaden befreien, auch eine natürliche Polarität erlangen.

Es gibt keinen Zweifel, daß das Zentrum des menschlichen Bewußtseins sich während der letzten zehn Jahre in erstaunlicher Weise verändert hat. Es kann sein, daß dies auf planetarische und astronomische Veränderungen zurückzuführen ist, die die Astrologie uns erklärt.

Die Astrologen sagen, es liegt an dem Übergang vom Fische- zum Wassermannzeitalter. Diese beiden Zeichen sind zwei der zwölf himmlischen Einflüsse, auf denen die astrologischen Beobachtungen beruhen. Außer dem monatlichen Wechsel von einem Zeichen zum nächsten gibt es einen viel größeren Zyklus, in dem jedes Zeichen etwa 2400 Jahre lang bestimmend ist. Die Meinungen gehen da vielleicht etwas auseinander, aber es wird allgemein anerkannt, daß wir zu Ende des letzten Jahrhunderts begonnen haben, vom Fische- in das Wassermannzeitalter überzuwechseln, und daß es ca. 100 Jahre dauert, bis der Übergang ganz vollzogen ist.

Das vermutlich wesentlichste Charakteristikum des Fischezeitalters war, daß das Bewußtsein des Menschen nach außen gerichtet war, auf eine gottähnliche Gestalt. Diese konnte von einem Totempfahl bis zu Christus alles mögliche sein. Es gab jedenfalls immer eine Autoritätsfigur, an die der Mensch sich wenden konnte, um Führung zu erhalten, und die er als Autorität betrachtete — König, Polizei, Armee, Richter oder irgendeine andere Autoritätsfigur. Dies war ein sehr offensichtliches Charakteristikum der christlichen Ära.

Wassermann steht dazu im genauen Gegensatz. Im Bewußtsein des heutigen Menschen besteht kein Bedarf an einer Führer- oder Autoritätsfigur. Er hat die Fähigkeit erworben, zu wissen und in allen Dingen, die ihn betreffen, seine eigenen Entscheidungen zu treffen. Dies ist in der heutigen Welt sehr offensichtlich geworden. Es gibt noch einige zusätzliche Faktoren, die die heutige Lage beherrschen und die vielleicht auch für diese Veränderung verantwortlich sind. Da ist z.B. die Tatsache, daß der durchschnittliche Mensch heutzutage ein gebildeter Mensch ist. Auch ist der Kapitalismus am Ende seines Weges angelangt; er beruht auf Expansion, und es gibt keinen Platz mehr, wohin er expandieren könnte. Auch die Gewerkschaften haben einen Beitrag geleistet, indem sie den Arbeiter seit mindestens 100 Jahren an Unabhängigkeit gewöhnen. Ich glaube aber, daß diese Faktoren eher eine Auswirkung des Wassermanns-Zeitalters sind als eine zusätzliche Kraft.

Die Polarität des Fischemenschen war oben-unten. Sein positiver Pol war oben, seinem Gott zugewandt, sein negativer Pol war unten, der physischen Materie der Erde zugewandt. Die Polarität des Wassermann-Menschen ist ein Kreis, den er um sich selbst herum zieht. Die Polarität ist jetzt nicht mehr ein Unterschied zwischen zwei Punkten, sondern sie wird zu einer »Aktivität«. Wenn keine Bewegung da ist, fällt die Kugel in ihrer Mitte zusammen, in der Bewegung aber ist der Aktionsradius unendlich.

Es ist hilfreich, wenn wir in der Lage sind, die Polarität zu messen, so daß wir wissen können, was von uns selber oder anderen an Verhalten zu erwarten ist. Wir wissen, wann wir uns im Einklang mit dem Leben befinden, denn dann scheint alles gut zu laufen; wenn wir nicht im Einklang sind, ist das Gegenteil der Fall.

Es gibt eine Meßvorrichtung, die auf dem Mechanismus des Lügendetektors beruht und mit der man die Beschaffenheit des Gewebes, seinen Tonus oder sein Wohlbefinden messen kann. Dieses Gerät mißt mit schwachem elektrischem Strom die Leitfähigkeit der Gewebe. Auffällig ist, daß eine größere Leitfähigkeit besteht, wenn die Gewebe sich in einem gestörten oder angespannten Zustand befinden. Bei gesundem Gewebe ist die Leitfähigkeit geringer.

Mit diesem Gerät kann man den physischen Tonus des Körpers messen, und der ist gleichbedeutend mit dem geistigen Wohlbefinden. Mentale Spannung zeigt sich auf gleiche Weise wie ein schlechter Gesundheitszustand.

Genaugenommen geht es hier um eine Messung der Polarität des jeweiligen Gewebes. Uns geht es jedoch mehr um die Polarität des Selbst als Ganzes, des »Im-Einklang-Seins«. Das oben erwähnte Meßgerät mißt einen elektrischen Fluß durch die Körpergewebe; was wir jedoch brauchen, ist ein Instrument, welches das Magnetfeld um den Körper herum messen kann. Es gibt Feldmeßgeräte, die in der Industrie dazu benützt werden, um das Ausmaß an Störungen, die eine elektrische

Maschine in ihrer Umgebung bewirkt, zu messen. Diese Geräte messen jedoch elektrische Frequenzen, und wir bräuchten eines, das Gedankenfrequenzen messen kann. Der Erfinder dieser Geräte hat mir gesagt, daß es mit einem enormen Kostenaufwand möglich ist, ein solches Instrument zu entwickeln. *

Nachdem wir diese elektrischen Geräte in Erwägung gezogen und ungeeignet gefunden haben, bleibt uns ein System, das ich nützlich gefunden habe, das jedoch in seinem Ansatz ziemlich subjektiv ist. Es handelt sich um das Pendel oder die Wünschelrutentechnik.

Das Auffinden von Wasseradern durch Wünschelrutengehen ist als subjektive Technik in der ganzen überlieferten Geschichte bekannt gewesen. Dieselbe Technik ist auch dazu benutzt worden, zahlreiche andere Dinge, die unter der Erde zu finden sind, z.B. Mineralien, Höhlen, verlorene Gegenstände usw. aufzuspüren. In verschiedenen Gebieten der Heilkunde, besonders in der Homöopathie, wird diese Methode zur Diagnose benutzt, und ich selbst habe sie auch zu diesem Zweck eingesetzt. Man kann sie auch zum Messen der Polarität benutzen. Daß es eine subjektive Methode ist, deren Ergebnisse nicht durch Instrumente meßbar sind, ist in den Augen vieler Menschen ein Nachteil.

Wenn Sie mit dem Pendel umgehen können, dann nehmen Sie ein Winkelmaß als Meßskala. 0 ° ist die positive und 180 ° die negative Polarität. Im Fischezeitalter war dies ausreichend, weil unsere Polarität entweder positiv oder negativ war. Heute finden wir mit derselben Skala, daß das Pendel eine Kreisbewegung ausführt, gewöhnlich im Uhrzeigersinn. Dies zeigt die ausgewogene Polarität eines Wassermann-Menschen. Abwandlungen dieses Musters sind die Ellipse, bei der der eigentliche Kreis entlang eines Meridians auseinandergezogen ist und die kreisförmige oder kugelförmige Polarität des Menschen in

* Ein weniger aufwendiges, auf der Kirlianfotografie basierendes Verfahren wurde von Peter Mandel entwickelt. Vergleiche dessen Buch: »Energetische Terminalpunkt-Diagnose (ETD)«, Synthesis, Essen 1983.

eine begrenzte Form gezogen ist. Dann gibt es auch die Kreisbewegung, die sich zu einer einzigen Linie reduziert. Je weiter der Meridian dieser Ellipse oder diese Linie von der Nullposition entfernt ist, desto weiter ist der Mensch von der Normalität entfernt.

Das Wissen um die Polarität eines Menschen hat für den Behandelnden nur die Bedeutung, daß er die Art und Weise und das Ausmaß der Reaktion, die im Laufe der Behandlung evtl. auftritt, einschätzen kann. Ein extremer Grad von Unnormalität in der Polarität eines Menschen, der ansonsten einen ausgeglichenen Eindruck macht, heißt, daß er wahrscheinlich auf einer Zeitbombe sitzt und daß die Behandlung zur Explosion führen kann.

Ich finde es sinnvoll, zwei Aspekte der Polarität zu messen. Der Mensch hält sich auf verschiedene Weisen in einem relativen Gleichgewicht, sei es durch »Die-Ohren-Steifhalten« oder durch Beten und Meditation. Auf diese oder jene Weise hält er in sich eine Polarität aufrecht, die praktikabel ist und ihn befähigt, sein Leben einigermaßen erfolgreich zu handhaben. Das ist jedoch nicht seine wirkliche Polarität, es ist eine Polarität, die er annimmt. Gewöhnlich ist diese ein ganz unbewußtes Muster von Gewohnheiten und wird durch seine Erziehung aufrechterhalten. Seine wahre Polarität liegt unter dieser angenommen. Das Pendel gibt Auskunft über beide und, wenn da ein Unterschied besteht, auch über die Art der Belastungen. Ich nenne diese beide Arten die *angenommene Polarität* und die *grundlegende oder primäre Polarität.*

Denken Sie immer daran, wenn Sie etwas mit dem Pendel messen, daß Sie zwei Werte messen, die in Relation zueinander stehen und die Sie angenommen haben, um ein grundlegendes Muster Ihres Klienten zu verstehen. Sie gehen dabei von einem willkürlichen Wertsystem aus. In der Relativität jedoch, die Sie ihnen in dem Moment beimessen, zeigen diese Werte Ihnen etwas, was Sie angeht, nämlich die Spannung zwischen dem wahren Zustand Ihres Klienten und dem, den er annimmt, um mit seinem Leben fertig zu werden.

Die Zentren der Lebensenergie

In diesem Kapitel geht es um das Konzept der Chakren, wie es von einer führenden Autorität auf diesem Gebiet dargestellt wird (Arthur Avalon: »Die Schlangenkraft«).

Wir neigen heute dazu, religiöse und esoterische Konzepte zu vereinfachen, und in diesem Fall sprechen wir allgemein von vitalen Zentren und lassen die Namen weg. Worum es dann geht, ist lediglich, daß es Energiezentren sind, Punkte, in denen die Lebenskraft ihre Energie konzentriert.

Es gibt jedoch viele Leute, die noch die alten Namen benutzen und die Chakren in der alten Begriffsweise verstehen.

Die Chakren sind die Zentren der verschiedenen Bewußtseinsebenen, die das Lebensprinzip dieser jeweiligen Ebenen zum Ausdruck bringen. Die fünf unteren Chakren sind die Bewußtseinszentren des physischen Körpers und die oberhalb des fünften Chakras sind die geistigen Zentren. Das oberste Chakra ist das Zentrum des höchsten Bewußtseins.

In Indien, wo dieses Prinzip seinen Ursprung hat, ist das Wissen um die Chakren eng verwoben mit religiösen Prinzipien und mit den Übungen des Yoga, die darauf ausgerichtet sind, auf jeder Ebene das vollste Bewußtsein zu erlangen, jedes Chakra dem vollsten Bewußtsein zu öffnen.

Wenn wir die indischen Texte zu diesem Thema studieren, haben wir es mit einer Terminologie und einer Denkweise zu tun, die dem westlichen Denken ziemlich fremd sind, und wir neigen sehr dazu, das, was sie uns zu diesem Thema zu sagen haben, zu mißzuverstehen, indem wir es nämlich in unsere eigene Denkweise übertragen und es auf unsere eigenen Konzepte begrenzen.

Die alten Texte sagen, und ich finde, daß sie darin recht haben, daß wir die tiefen Prinzipien, um die es dabei geht, ausschließlich dann verstehen können, wenn wir eingeweiht oder von der groben Materie »gereinigt« sind. Ihr Standpunkt ist, daß der Yogapfad diese Reinigung bewirkt und daß nur der so gereinigte Eingeweihte diese Prinzipien verstehen kann. Mein Zugang dazu läuft über die Prinzipien der Pränatalen Therapie, und ich finde darin die Mittel, diese »Reinigung« zu erlangen, diese Öffnung des ganzen Selbst — der groben physischen Materie und der geistigen Struktur — für die Ganzheit des Bewußtseins.

In meinen früheren Untersuchungen und bei der Ausübung meiner therapeutischen Arbeit wurde mir schon bald bewußt, daß ich es mit einem vitalen Prinzip der Lebenskraft zu tun habe und daß ich damit im Gegensatz stehe zu den medizinischen Forschungen der Vergangenheit und Gegenwart, die sich mit den Krankheiten des Körpers und des Geistes befassen.

Diese Lebenskraft ist eine Kraft, die die Gesundheit und das Leben von Körper und Geist ausmacht. Es geht nicht darum, das Bewußtsein auf die Blockaden zu konzentrieren, die dem Fluß der Lebenskraft den Weg versperren, und diese zu untersuchen, sondern diesen Blockaden die Aufmerksamkeit zu entziehen und das Leben fließen zu lassen. Es ist genauso, als wenn man einen Fluß von Treibgut befreien will, das sich aufgestaut hat, so daß der Fluß nun die umgebenden Felder überflutet. Ist es wichtig, was das für Treibgut ist? Wir räumen es einfach weg und auch die Hindernisse, an denen es hängengeblieben ist.

Bei meinen Untersuchungen wurde ich mir bewußt, daß zwar die

Wirbelsäule der Brennpunkt des pränatalen Musters zu sein schien, daß es dabei jedoch noch um etwas viel Feinstofflicheres und Lebendigeres ging. Auch sah es so aus, als ob dieses Subtile und Lebendige in verschiedenen Bereichen der Wirbelsäule jeweils unterschiedlich war. Und nicht nur das — es schien über die Wirbelsäule hinaus in den Kopf zu gehen. Ich wußte vom Prinzip der Chakren, und diese Idee schien zu dem, was ich beobachtete, zu passen. Ich studierte die Chakren und kam zu der Überzeugung, daß das, was ich in meiner Arbeit beobachtete, und das, was die Inder Chakren nennen, ein und dasselbe ist.

Es ist an sich ein Fehler, wenn wir die Prinzipien einer uns fremden Denkweise übernehmen und deren Begriffe und Denkansätze benutzen. Sie beobachten vielleicht die Wahrheit, aber aus ihrer eigenen Kultur heraus, und diese ist im Falle der Inder mehrere tausend Jahre alt. Man muß bei der Entwicklung dieses Thema seine eigenen Beobachtungen machen und seine eigene Terminologie verwenden. Aber es schadet nichts, Vergleiche anzustellen, und deshalb bringe ich hier die Chakren zur Sprache. Wir haben es dabei mit einem vollentwickelten System zum Verständnis der Lebensprinzipien zu tun, und ganz gleich wie fremd dieser Zugang unserer eigenen Denkweise sein mag, er kann uns helfen, unsere eigenen Ideen zu festigen.

Es besteht kein Zweifel, wie schon gesagt, daß ein volles Verständnis dieses Prinzips erst möglich ist, wenn das Selbst an die Ganzheit des Bewußtseins angeschlossen ist. Jeder Meister seines Faches, ganz gleich auf welchem Gebiet, wird niemals nur durch Lernen zum Meister. Es bedarf dazu der Ganzheit des Bewußtseins, der Gegenstand muß mit der Totalität der eigenen Lebensqualität belebt werden. Ein Meister im Bereich der Lebensprinzipien wird erst dadurch zum Meister, daß er in diese Prinzipien eingetaucht ist, daß er diese Prinzipien ist. Ein »Meister« der Mathematik wird erst dadurch zu einem Meister, daß er die Mathematik auf das ganze Lebensprinzip anwenden kann.

So kann auch das Verstehen des Prinzips der Chakren nur dann vollständig sein, wenn dieses Prinzip verkörpert worden ist und die ganze Lebensqualität in diesen Zentren funktioniert. Es wäre deshalb müßig, zu erwarten, daß durch einfaches Lesen dieses oder eines anderen Werkes über dieses Thema ein wirkliches Verständnis der Materie erlangt werden kann; sie muß gelebt werden. Auf dieser Welt existiert nichts ohne die Anwesenheit von Leben, oder wenn Sie so wollen, von Geist. Sobald dieser entweicht, zerfällt die Substanz in ihre grundlegenden und verschieden organisierten Bestandteile.

Das Wissen von den Chakren ist ein Wissen um die spezialisierten Formen oder Stufen des Lebens im menschlichen Körper. Es ist ein Wissen vom Leben des Körpers, von seiner irdischsten bis zu seiner ätherischsten Form.

Alle Mystik in allen Zeitaltern beruht auf diesem Prinzip. Die Philosophien der verschiedenen Zeitalter sind deshalb so komplex und unklar, weil dem jeweiligen Zeitalter die echte Reife fehlte, die Vollständigkeit des Bewußtseins, und nicht, wie oft behauptet wird, weil das mystische Wissen vor denen, die es mißbrauchen könnten, geheimgehalten werden mußte. Echtes mystisches Wissen kann nicht mißbraucht werden. Was mißbraucht werden kann, ist nur der fruchtlose Versuch, diese Prinzipien nachzuahmen.

Die vermutlich grundlegendste und erfolgreichste aller großen Philosophien ist das Yin-Yang-Prinzip der Chinesen. Dieses umfassende Positiv-Negativ-Prinzip der Polarität bringt alles zum Ausdruck, was uns die Chakren lehren; es analysiert jedoch nicht die Beschaffenheit des Bewußtseins auf den verschiedenen Ebenen.

Wenn wir behandeln, brauchen wir nicht zu analysieren — es ist sogar wesentlich, daß wir das nicht tun. Wenn wir uns ganz in die Arbeit der Pränatalen Therapie hineinbegeben, können wir zu vollständigem Wissen gelangen, ohne es in seine Bestandteile zerlegen zu müssen, wie es moderne Denkrichtungen tun.

Das chinesische Yin-Yang-Prinzip lehrt uns etwas höchst Wertvolles. Es lehrt uns, daß es bei der Gesunderhaltung von Geist und Körper nur um den Fluß des Bewußtseins oder Lebens geht. Keine andere Denkrichtung bringt dieses Prinzip so einfach und grundlegend zum Ausdruck.

Die indische Schule lehrt dasselbe Prinzip, aber weniger einfach. Nach ihr gibt es sieben Haupt- und vier Nebenchakren. Arthur Avalon erwähnt außerdem drei oder vier weitere Chakren in den unteren Gliedmaßen. Diese Chakren gehören nicht dem physischen Körper an. In gewisser Hinsicht haben sie keinen Platz oder Anteil am physischen Körper; sie sind bloße Bewußtseinszentren. Und doch sind sie die Essenz des Lebens im Körper selbst.

In allen guten Werken über das Thema wird betont, daß diese Zentren nicht in irgendeinem Körperteil *lokalisiert* werden können. Sie sind jedoch das Zentrum der Bewegung, des Aktionsprinzips im Leben, und da die Wirbelsäule das Funktionszentrum des Körpers ist, können die Chakren mit der Wirbelsäule in Zusammenhang gebracht werden. Es handelt sich dabei jedoch um eine Assoziation, und die beiden dürfen nicht als ein und dasselbe betrachtet werden.

So gesehen existiert die »Säule« der Chakren im Rückenmarkskanal, vom Steißbein bis zur vierten Gehirnkammer. Diese »Säule« wird *Sushumna* genannt und mit dem Prinzip des Feuers in Verbindung gebracht.

Auf beiden Seiten der Wirbelsäule, entsprechend den Strängen des sympathischen Nervensystems, befinden sich zwei ebenso ätherische Kraftstränge. Links läuft *Ida*, die mit dem Prinzip des Mondes und des Weiblichen in Verbindung gebracht wird, und rechts *Pingala*, die dem Prinzip der Sonne und des Männlichen angehört.

Ida und Pingala zusammen, so sagt man, zeigen die Zeit an, und von Sushumna heißt es, daß sie Zeit verbraucht, so daß die drei zusammen zeitlos sind.

Es heißt weiter, daß Ida und Pingala von links nach rechts hin und her wechseln; sie beginnen damit am *Muladhara* und enden am *Ajna*, wo sie sich vereinen. Der »Caduceus«, der Stab des Götterboten Merkur, zeigt diese sich überkreuzenden Linien und hat dieselbe Bedeutung. Die Punkte, an denen die Linien sich überkreuzen, sind die Chakren.

Das sympathische Nervensystem hat, wie man annimmt, seine

Hauptverbindung mit der Sushumna am Solarplexus. Von Ida und Pingala heißt es, daß sie mit dem linken und rechten Nasenloch verbunden sind, und auf dieser Verbindung beruhen die Atemübungen des Yoga.

Die ganze Aktivität dieses ätherischen, nicht-materiellen Systems ist das Spiel zwischen der negativen, mondhaften Energie der Ida und der positiven, sonnenhaften Energie der Pingala, die zusammen mit der verzehrenden Energie der Sushumna in Interaktion treten und an ihren Kreuzungspunkten eine Energiequalität produzieren, die der Natur des betreffenden Chakras entspricht.

Wir finden am unteren Ende dieser Energiesäule das grundlegende Prinzip der Erde, welches negativ ist, und am oberen Ende das grundlegende Prinzip von Gott oder Raum, das positiv ist. Es ist der freie Fluß zwischen diesen beiden Polen, der unsere körperliche und geistige Gesundheit ausmacht.

In der Yogapraxis liegt der Schwerpunkt darauf, die *Kundalini* oder das aktive Prinzip der ewigen Mutter, das im Muladhara sitzt, durch die Chakren zum *Sahasrara*, oder Prinzip des ewigen Vaters, hinaufzubringen.

Das Prinzip des Caduceus hingegen besteht darin, zwischen den beiden höchsten Kräften oder Energien, die in uns ruhen, eine Kommunikation herzustellen und so Gesundheit zu schaffen. Merkur ist der Gott, der uns diese Botschaft bringt.

Vom Standpunkt der Pränatalen Therapie aus geht es um dieselben Faktoren. Zunächst geht es uns darum, den freien Fluß zwischen dem absoluten Erdprinzip und dem absoluten Raumprinzip wiederherzustellen, der unser Geburtsrecht ist. Wir benutzen dazu keine Übungen oder Rituale, sondern die Arbeit an den Reflexen von Füßen, Händen und Kopf.

Zweitens haben wir es damit zu tun, wie dieser Fluß auf den verschiedenen Ebenen zum Ausdruck kommt — in diesem Falle nicht mit dem Ausdruck des Bewußtseins oder der ätherischen Energie, sondern dem der verschiedenen Funktionsebenen, wie sie im pränatalen

Muster erscheinen. Es läuft auf das gleiche hinaus, aber die Terminologie ist eine andere, und das Konzept ist vereinfacht.

Ein grundlegender Unterschied zwischen den beiden Konzepten liegt im Erwecken der Kundalini, wie es die Inder nennen. Ihrer Anschauung nach wird diese Kraft durch Ritual oder Konzentration geweckt, und die endgültige Befreiung des Bewußtseins wird erreicht, wenn die Kundalini durch alle Ebenen zum höchsten Bewußtsein aufsteigt. In der Pränatalen Therapie liegt der Schwerpunkt darauf, die Blockaden zu beseitigen, die die beiden primären Lebensenergien in ihrem Fluß behindern. Es ist ganz natürlich, daß die Lebenskraft frei fließt, wenn ihr Gelegenheit dazu gegeben wird, und es bedarf dazu keiner besonderen Konzentration.

In diesem Unterschied der Konzepte liegt auch der Grund, weshalb im Yoga durch Übungen, für die der Betreffende nicht reif ist, Schädigungen auftreten können, nicht jedoch in der Pränatalen Therapie. Wenn die Kundalini geweckt wird und Blockaden durchbricht, so werden diese aktiviert, und das kann gefährliche oder unerwünschte Reaktionen hervorrufen. Um solche Veränderungen unter Kontrolle zu behalten, bedarf es strenger Disziplin. In der Pränatalen Therapie mag es im Verlauf einer Veränderung gewisse Reaktionen geben, aber diese sind selten gefährlich und haben immer ein positives Element.

Die Chakren sind Zentren oder Brennpunkte der Kundalini-Energie, die vom niedrigsten zum höchsten Prinzip des Bewußtseins aufsteigt. Sie werden mit Lotusblüten verglichen, denn die Menschen, die die Fähigkeit haben, sie an der Vorderseite des Körpers sehen zu können, sehen sie oft in dieser Form. Es sind Strudel von ausströmender Energie, die eine bestimmte Form und Farbe haben. Man sagt, daß sie, wie die Lotusblüten, Blütenblätter haben, und jedem Blütenblatt ist ein Buchstabe des Sanskritalphabets zugeordnet. Es gibt in diesem Alphabet 50 Buchstaben, und jeder von ihnen wird als Laut oder Mantra in Form einer Meditation benutzt. Das oberste Chakra hat angeblich tausend Blütenblätter, nämlich 20 mal 50.

Jedem Chakra sind auch eine Sinneswahrnehmung, eine Aktionsart und ein Element zugeordnet. Die Gründe für diese Zuordnungen sind schwierig zu verstehen; sie beruhen auf den verschlungenen Interaktionen der Chakren untereinander.

Zusätzlich zu den hier erwähnten Chakren gibt es weitere Zentren in den unteren Gliedmaßen, aber über diese werden keine näheren Angaben gemacht. Ich habe gehört, daß sie mit Bewußtseinszuständen assoziiert werden, die beim »Sündenfall« zu materiell wurden, als daß sie noch Bewußtsein haben konnten, und die erst jetzt wieder ins Bewußtsein zurückkommen. Ich selbst habe bei meiner Arbeit beobachtet, daß es Bewußtseinszentren gibt, die mit den Knien, den Waden und den Füßen in Zusammenhang stehen.

Das *Muladhara* wird mit der Steißbeingegend in Verbindung gebracht und liegt zwischen After und Genitalien. Es hat vier Blütenblätter. Seine Farbe ist Karmesinrot. Seine Qualitäten sind die der Stärke und Festigkeit der Erde, und es ist deshalb das Zentrum des Erdprinzips. Es enthält die Kundalini, von der man sagt, daß sie wie eine Schlange aufgerollt ist (daher der Name Schlangenkraft) und bereit, wenn sie geweckt wird, aufzusteigen. Es ist das niedrigste der primären Zentren oder Chakren und steht für die grobe, greifbare Materie. Da es mit der Erde assoziiert wird, ist seine natürliche Nahrung Fleisch. Seine Sinneswahrnehmung ist der Geruch, und die Füße sind sein Aktionsorgan. Sein Element ist die Erde. Ida, Sushumna und Pingala treffen sich in diesem Zentrum.

Das *Svadhishthana* wird mit dem Kreuzbein in Verbindung gebracht und manifestiert sich nach außen hin an der Wurzel der Genitalien. Es hat sechs Blütenblätter. Seine Qualität ist kreative Energie, und es beherrscht die Geschlechtsorgane. Seine Farbe ist Zinnoberrot, sein Element ist das Wasser, seine Sinneswahrnehmung ist der Geschmack, und sein Aktionsorgan sind die Hände. Es beherrscht die Zusammenziehung. Seine Nahrung ist, wie beim Muladhara, Fleisch.

Das *Manipura* hängt mit der Lendenwirbelsäule zusammen und manifestiert sich nach außen hin in der Nabelgegend. Es hat zehn Blütenblätter und ist strahlend wie ein Edelstein. Es ist das Verdauungszentrum, sein Prinzip bzw. seine Qualität ist das Feuer und seine Sinneswahrnehmung ist das Sehen. Es herrscht über die Ausdehnung, indem es Wärme produziert und Sicht- und Farbempfindungen simuliert. Seine Nahrung ist Fleisch.

Das *Anahata* wird mit der Brustwirbelsäule assoziiert und manifestiert sich nach außen hin in der Herzgegend (es ist jedoch nicht das Herzchakra). Seine Farbe ist rot, es hat zwölf Blütenblätter, sein Prinzip ist die Luft, und es herrscht über die Bewegung, das Flüchtige, Vergängliche. Es ist die innere Flamme, ungestört von der Welt. Seine Sinneswahrnehmung ist das Fühlen, sein Aktionsorgan ist der Penis, und seine natürliche Nahrung ist pflanzlich.

Das *Herzchakra* ist keines der sieben Hauptchakren. Es liegt unterhalb des Anahata. Es hat acht Blütenblätter und wird mit der geistigen Verehrung der Gottheit assoziiert.

Das *Vishuddha* gehört zur Halswirbelsäule und manifestiert sich am unteren Ende der Kehle. Es hat sechzehn Blütenblätter, seine Farbe ist ein rauchiges Purpur, seine Sinneswahrnehmung ist das Hören, und sein Aktionsorgan ist der Mund. Durch Simulation von Hörempfindungen erzeugt es ein Raumgefühl.

Das *Lalana* ist ein weiteres Nebenchakra und liegt oberhalb des Vishuddha an der Wurzel des Gaumens. Seine Farbe ist Rot. Es hat zwölf Blütenblätter, und ihm werden bestimmte Qualitäten beigemessen, wie z.B. Glauben, Zufriedenheit, ein Gefühl für Richtig und Falsch usw.

Das *Ajna* ist das oberste der sechs Chakren, die den Funktionen des Körpers und des Geistes zugeordnet werden. Das siebte Chakra ist das absolute Bewußtsein, das Ajna hingegen der Geist, das höchste Materielle. Es hat zwei Blütenblätter, liegt direkt hinter den Augenbrauen und wird mit dem Organ der Hypophyse in Verbindung gebracht. Ida, Sushumna und Pingala treffen hier zusammen.

Das *Manus* ist ein Nebenchakra und liegt oberhalb des Ajna. Es hat sechs Blütenblätter und wird mit den Sinneswahrnehmungen Hören, Fühlen, Sehen, Riechen, Schmecken und zentral ausgelösten Empfindungen in Träumen und Halluzinationen in Verbindung gebracht.

Das *Soma* ist ein weiteres Nebenchakra und liegt oberhalb des Manus. Es hat sechszehn Blütenblätter und wird mit moralischen Qualitäten in Verbindung gebracht.

Das *Sahasrara* ist das absolute Bewußtsein, das höchste Licht, Unvergänglichkeit. Es ist die »Leere des Raums«. Es ist frei von jeder Illusion. Man sagt, daß es in der Gegend der vorderen Fontanelle liegt. Es hat tausend Blütenblätter.

Das pränatale Muster

Überblick und Definition

Die Pränatale Therapie beruht auf der Tatsache, daß die Reflexzone der Wirbelsäule an den Füßen, an den Händen und am Kopf auch die Reflexzone für die vorgeburtliche Zeit ist. Das bedeutet, daß jede Behandlung in diesem Bereich sich auf die Ereignisse während oder vor der Schwangerschaftsperiode auswirkt, die die Ursache sind für unsere mentalen und physischen Eigenarten.

Das Muster dieser Ereignisse beginnt in den Anfängen der Zeit und endet mit der Geburt des Babys. Es beginnt zu der Zeit, als dieser Planet ein bloßer Gedanke im Bewußtsein des Schöpfers war und endet mit dem ersten Schrei des Kindes.

Von einem theoretischen Standpunkt aus gesehen haben wir es mit dem Muster der Ereignisse zu tun, die zur Empfängnis hinführen, vom praktischen Standpunkt aus gesehen mit der Zeitspanne zwischen Empfängnis und Geburt.

Es geht uns dabei mehr um eine Zeitspanne als um eine Reihe von Ereignissen. Die Ereignisse im Hindergrund der Menschheitsgeschichte sind sehr zahlreich; das Gefesseltsein des Menschen an diese Ereignisse ist jedoch, wie wir später sehen werden, nur eine Funktion der Zeit. Alles, was wir tun müssen, ist, ihn aus dieser Fessel zu erlösen, dann ist er frei, sich in jede Zeitperiode, die mit seiner gegenwärtigen Aktivität und seinem laufenden Gedankenstrom zu tun hat, hineinzubegeben.

Das Wissen von diesem Muster der Ereignisse ist nur dazu notwendig, daß wir unser Bewußtsein neuorientieren und von der alten Indoktrinierung durch sogenanntes wissenschaftliches und religiöses Gedankengut befreien können. Ich habe mich in diesem Buch darum bemüht, dogmatische und doktrinäre Denkweisen zu vermeiden. Es geht mir nicht darum, diese Gedankenkonzepte zu reformieren, sondern ich möchte neue Denkansätze und neue Sichtweisen auf die Struktur unserer Entstehung eröffnen.

Ich kann nicht den Anspruch erheben, daß das, was ich hier geschrieben habe, die absolute Wahrheit ist. Das wäre ein unsinniger Anspruch, denn alles Denken ist willkürlich, und es ist ganz unvermeidlich, daß es dabei, je nach der Informationsquelle und den eigenen Gründen, weshalb man bestimmte Informationen annimmt, Unterschiede geben muß.

Es empfiehlt sich zwar nicht, allzusehr »darüberzustehen«, aber es ist wichtig, Dinge auch vom Standpunkt der anderen betrachten zu können. Gerade die geschichtlichen Überlieferungen sollte man so betrachten, daß man den Standpunkt des Geschichtsschreibers mit in Erwägung zieht.

Dasselbe gilt für wissenschaftliche Beweisführungen. Es gibt genauso viele Gründe, weshalb ein Wissenschaftler bei seinen Aufzeichnungen befangen sein kann, wie es für den Geschichtsschreiber Gründe gibt, die Ereignisse einer geschichtlichen Epoche seinem eigenen politischen Standpunkt gemäß zu berichten.

Die folgenden Daten beruhen auf den Beobachtungen, die ich selbst bei meiner Arbeit gemacht habe, und auf meinen Folgerungen daraus.

Die Grundstruktur

Die Grundstruktur ist die Wirbelsäule.

Ich beobachtete dieses Prinzip, das den Weg zur Pränatalen Therapie eröffnete, zum ersten Mal bei meiner Arbeit am Reflexbereich der Wirbelsäule an den Füßen. Ich habe bereits darauf hingewiesen, wie wichtig unvoreingenommenes Denken und rationales Beobachten beim Festhalten derartiger Daten ist.

Ich hatte beträchtliche Zweifel und war sehr aufgeregt, als ich das erste Mal meine Beobachtungen hinsichtlich dieses sehr grundlegenden Konzepts in definitiver Form niederschrieb. Wenn dieses Konzept nicht stimmte, dann waren alle meine Folgerungen falsch. Die hauptsächliche Grundlage für meine Annahme dieses Konzepts war, daß sich aus der Praxis Beweise in Hülle und Fülle dafür ergaben.

Die Wirbelsäule ist der Stützpfeiler des Körpers. Auf ihr ruhen alle übrigen Knochenstrukturen, die im Vergleich zu anderen Geschöpfen die Gestalt und Definition des Menschen ausmachen. Der Mensch ist das einzige Geschöpf, bei dem die Wirbelsäule wirklich senkrecht steht, sie bewirkt seine Stellung zwischen den beiden Lebenselementen — der Erde, aus deren Substanz er gemacht ist, und dem Prinzip des »Lebens«, das die Substanz aktiviert.

Im Gegensatz zu dieser senkrechten Struktur stehen die drei waagerechten Strukturen von Schädel, Schultern und Hüften, die bei meiner Arbeit die Grundlage des »peripheren Prinzips« sind, durch welches das zentrale, senkrechte Prinzip ins Prinzip der Aktion hinausreicht.

Das Skelett ist das Haus, und in ihm befinden sich alle Organe, die das physische Leben aufrechterhalten. Darum herum sind die Muskeln, die die Bewegung schaffen. Alles ist durchdrungen von den Flüssigkeiten, die die Nahrung befördern und Abfallstoffe hinausschleusen.

In diesen drei Funktionen, dem Skelett, den weichen Geweben und den Flüssigkeiten, haben wir ein weiteres Prinzip, durch das wir unsere therapeutische Arbeit verstehen können. Es wurde im Kapitel über

Entsprechungen bereits dargestellt, wir können aber zusammenfassend feststellen, daß das Skelett den »primären« Aspekten des Lebens entspricht, dem, was uns geschaffen hat; die weichen Gewebe, die Organe und Muskeln, entsprechen dem mentalen Aspekt des Lebens — wie wir mit dem primären Aspekt umgehen; die Körperflüssigkeiten, die all diese Strukturen durchdringen, entsprechen den Gefühlen oder Emotionen.

Leben

Die Körperorgane halten das physische Leben aufrecht, wenn sie in der rechten Weise behandelt werden, wenn sie die richtige Nahrung bekommen, die frei von unnatürlichen Substanzen ist und wenn ihre Arbeits- und Ruhephasen im rechten Verhältnis zueinander stehen.

All dies ist durchdrungen vom Element des »Lebens«, dem Prinzip, das zu dem der Erde den Gegenpol bildet. Es sind die zwei primären Prinzipien im Gleichgewicht des Lebens, die in der alten chinesischen Philosophie als Yin und Yang bezeichnet werden.

Der Mensch steht zwischen diesen beiden Prinzipien: dem magnetischen, nährenden Mutterprinzip unter ihm und dem elektrischen, aktivierenden Vaterprinzip über ihm. Diese Polarität der Struktur von Körper und Bewußtsein ist es, die durch die Aktion des Lebens aufrechterhalten wird und durch die Auflösung der Bewußtseinsblockaden, die der spontanen und natürlichen Orientierung im Wege stehen.

Unterteilung

Wir müssen uns wieder darüber klar sein, daß eine Unterteilung in Funktionen, wie wir sie hier vornehmen, willkürlich ist. Im echten Funktionieren der Natur gibt es keine Unterteilungen — das Leben fließt von der göttlichen Natur unseres Bewußtseins in die Handlungen unseres täglichen Lebens.

Daß es im physischen Körper verschiedene Funktionsebenen gibt

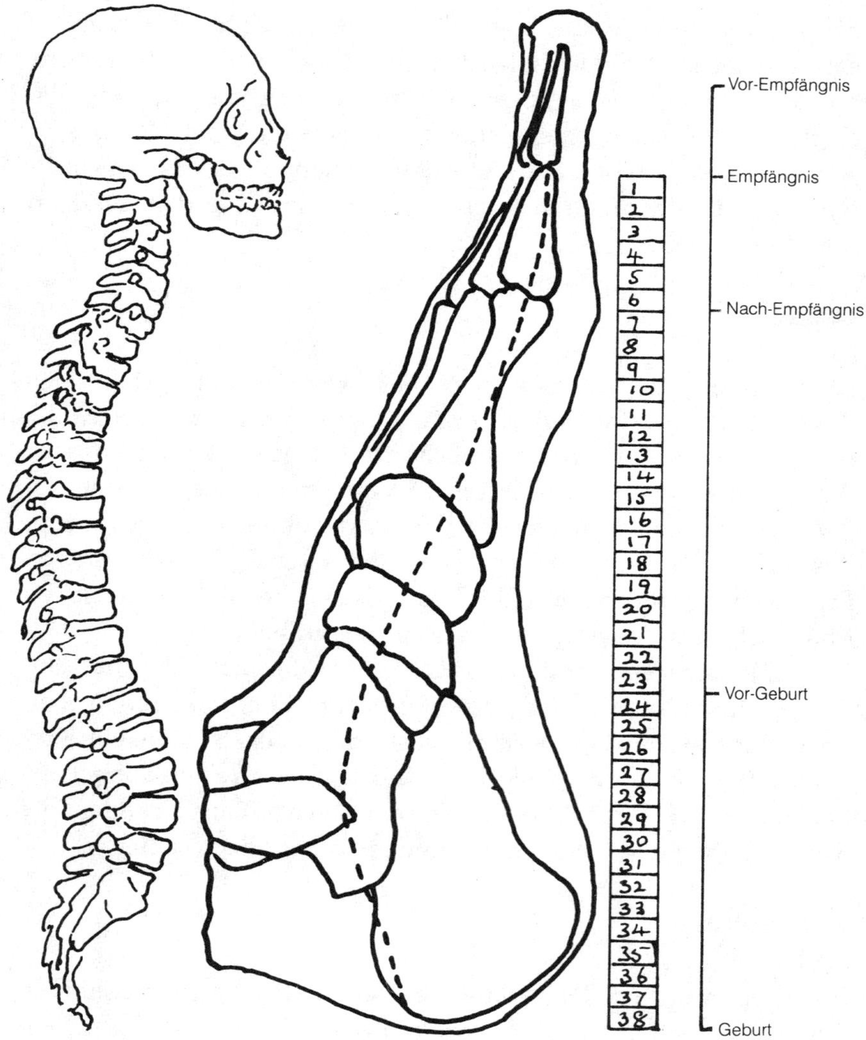
Vor-Empfängnis
Empfängnis
Nach-Empfängnis
Vor-Geburt
Geburt
1
2
3
4
5
6
7
8
9
10
11
12
13
14
15
16
17
18
19
20
21
22
23
24
25
26
27
28
29
30
31
32
33
34
35
36
37
38

Abb. 24

und daß diese Ebenen eine gewisse Entsprechung im mentalen Bereich haben, versteht sich von selbst. In der Pränatalen Therapie haben wir es jedoch nicht mit den körperlichen Funktionen und ihrer Differenzierung zu tun; es geht uns um einen Fluß des Lebens durch diese physischen Funktionen hindurch.

In diesem Punkt unterscheidet sich unsere Arbeit grundlegend von anderen Behandlungsmethoden, seien es geistige oder körperliche. Wir haben es immer mit der Tatsache zu tun, daß der Mensch eine Lebenseinheit ist, durch die die primären Lebenskräfte fließen, und nur wenn dieser Fluß blockiert ist, wird eine Unterteilung notwendig. Wir haben aber auch mit der Tatsache zu tun, daß diese Blockaden kein physischer Zustand sind, nicht die Blockierung einer Funktion, wie etwa bei Verstopfung. Sie sind ein Festhalten in der »Zeit«, und unser Ziel ist es, dieses Festhalten zu lösen, so daß die Kontinuität des Bewußtseins ihren Fluß wiederaufnehmen kann.

Ich habe die Reflexzonen der Wirbelsäule in fünf Bereiche unterteilt, und zwar aufgrund von Phänomenen, die ich in den Reflexpunkten vorfand. Es handelt sich dabei um sehr auffällige Konzentrationen von chaotischer Energie an diesen Stellen.

Chaotische Energie ist eine festgehaltene Form von Energie, eine, die nicht in die Aktion fließt. Die Energie der Lebenskraft sollte entsprechend den Funktionen, die dem Körper und dem Bewußtsein in irgendeinem Moment abverlangt werden, fließen. Wenn sie jedoch festgehalten wird, in der Zeit steckenbleibt, dann staut sich diese Energie an bestimmten Stellen auf und schafft eine verkehrte Form von Energie. Dies ist die chaotische Energie, die man in den Fingern spüren kann, wenn man die Füße eines Klienten behandelt; sie brachte mich zu der Erkenntnis, daß bestimmte Bereiche mehr Energie konzentrieren als andere.

Die Abb. 24 besteht aus vier verschiedenen Teilen. Der erste ist die Wirbelsäule mit dem Schädel. In der Wirbelsäule und in bestimmten Teilen des Kopfes finden wir die Blockierungen der Zeit, die wir hier näher bestimmen. Der nächste ist die Innenseite des Fußes mit den darunterliegenden Knochen, die den Verlauf des Wirbelsäulenreflexes leicht erkennbar machen. Die gestrichelte Linie gibt den Wirbelsäulenreflex an. Die beiden Abbildungen sind in einem Maßstab gezeichnet, der die Lage der Fußreflexe in ihrer Entsprechung zur Wirbelsäule kenntlich macht.

Die dritte Spalte zeigt im selben Maßstab die 38 Wochen der Schwangerschaftsperiode. Auf der Skala ganz rechts sehen wir die Unterteilungen dieser Zeitperiode.

Die waagerechten Linien lassen uns erkennen, welche Ebene oder Stelle des jeweiligen Teils der Zeichnung welchem Punkt in den anderen Teilen entspricht. Zum Beispiel verläuft die Linie, die vom obersten Halswirbel auf der linken Zeichnung ausgeht, durch das oberste Gelenk der großen Zehe. Sie geht auch durch den Augenblick der Empfängnis und durch den Punkt der rechten Skala, der mit »Empfängnis« bezeichnet ist.

Das zeigt uns auf einen Blick, daß ein Ereignis, das im Augenblick der Empfängnis dem freien Fluß der Lebenskraft in die Quere kommt, eine Wirkung auf den Bereich des obersten Halswirbels haben wird, der auch in der Reflexzone am obersten Gelenk der großen Zehe spürbar werden wird.

Vor-Empfängnis

Die Zeitperiode, die alle Ereignisse umfaßt, die zur Empfängnis hinführen, heißt Vor-Empfängnis. Wir werden uns noch genauer mit ihr befassen. Ihre physischen Auswirkungen schlagen sich im Bereich der Zirbeldrüse und oberhalb und unterhalb davon nieder, von der Schädelbasis bis zum obersten Punkt des Kopfes — in dem ganzen Bereich, der auf den Zeichnungen zwischen den Überschriften »Vor-Empfängnis« und »Empfängnis« liegt. Bei den Fußreflexzonen ist davon das Gebiet zwischen der Zehenspitze und dem ersten Großzehenglied betroffen.

Empfängnis

Die Zeitperiode vom Augenblick der Empfängnis bis zur »Nach-Empfängnis« nenne ich »Empfängnis«. Ihre körperlichen Auswirkungen betreffen den Bereich zwischen dem obersten und dem siebten Halswirbel, bzw. der Schulterebene, also das ganze Gebiet zwischen den Bezeichnungen »Empfängnis« und »Nach-Empfängnis«. Bei den Fußreflexzonen ist davon der Bereich zwischen oberstem Großzehenglied und dem nächsten Gelenk (oder dem Fußballen) betroffen. In der Schwangerschaftsperiode geht es dabei um die Zeit zwischen der Empfängnis und der sechsten Woche.

Nach-Empfängnis

Die Zeitperiode von der sechsten bis zur dreiundzwanzigsten Woche der Schwangerschaft nenne ich »Nach-Empfängnis«. Ihre körperlichen Auswirkungen betreffen den Bereich, der von den Rippen umschlossen ist oder unmittelbar darunter liegt, nämlich Lungen, Herz, Zwerchfell, Leber, Magen, Milz, Bauchspeicheldrüse und Nieren. Die Fußreflexzone reicht vom Fußballen bis zu einem Punkt knapp oberhalb des inneren Knöchels.

Es gibt noch einen weiteren Punkt, der als Zentrum der Reflexaktivität klassifiziert werden könnte, nämlich den Solarplexusreflex; meiner Beobachtung nach ist dies jedoch eher ein Nebenzentrum. Wenn wir ihn in die Einteilung aufnehmen wollten, so würde dadurch der Nach-Empfängnis-Bereich auf die Zeit von der sechsten bis etwa zur neunzehnten Woche begrenzt, und der Solarplexus-Bereich ginge von der neunzehnten bis zur dreiundzwanzigsten Woche. Körperliche Auswirkungen beträfen die oben erwähnten Verdauungsorgane.

Vor-Geburt

Der Zeitabschnitt von der dreiundzwanzigsten Woche bis zur Geburt heißt Vor-Geburt. Seine körperlichen Auswirkungen betreffen die

Lendenwirbelsäule und das Kreuzbein und alle Organe innerhalb der Beckenhöhlung, den Dickdarm, die Eingeweide und die Blase. Die entsprechende Fußreflexzone reicht von einem Punkt gerade oberhalb des inneren Knöchels bis zum hinteren Ende des Fersenknochens an der Fußinnenseite.

Geburt

Die Zeitperiode des tatsächlichen Geburtsvorganges heißt Geburt. Eine Geburt ist natürlich ein Prozeß des gesamten Organismus, dennoch betrachten wir für unsere Arbeit mehr die körperlichen Auswirkungen, die überwiegend den unteren Teil des Unterleibs, Harnröhre, Vagina, Penis und Steißbein betreffen. Die entsprechende Fußreflexzone liegt am hinteren Ende des Fersenknochens an der Fußinnenseite.

Beschreibung

Jeder dieser klassifizierten Zeitabschnitte wird aus dem geschaffen, was in der vorangehenden Zeitperiode vorherrschend ist. Die Faktoren dieser Schöpfung sind alle in uns und um uns herum. Jede Zelle hat das Gedächtnis der ganzen Schöpfung in sich. Die Gesamtheit der Schöpfung, der menschlichen Gedanken und Unternehmungen, seiner Gefühle und seiner Energie, ist vollständig in uns vorhanden.* Eine überstarke Identifikation mit den Ereignissen einer bestimmten Zeitperiode tritt dann ein, wenn wir in der Zeit stehenbleiben und daran festhalten, und dies kann sich auf Ereignisse in grauer Vorzeit oder auch auf einen Schock gerade vor der Geburt beziehen.

* Dazu ausführlich: Bob Toben: »Raum, Zeit und erweitertes Bewußtsein«, Synthesis, Essen 1982.

Die Klassifizierung ist das Resultat von Blockierungen in der Zeit, die durch die zwei Hauptereignisse unseres Lebens, Empfängnis und Geburt, manifest werden.

Auf den folgenden Seiten werden die verschiedenen Zeitabschnitte beschrieben, und zwar zunächst die Prinzipien, die mit diesem Zeitabschnitt zu tun haben und ihn bestimmen, zweitens die Auswirkungen der in diesem Zeitabschnitt vorherrschenden Bedingungen auf den Körper, drittens deren Einfluß auf den Geist und viertens auf unser Verhalten.

Durch die Prinzipien dieser Arbeit wird sichtbar, daß jedwede Störung in einem Menschen sich in einer der drei genannten Kategorien (Körper, Geist, Verhalten) ausdrückt.

Die vorherrschenden Bedingungen alles Schlechten und alles Guten, aller Vollkommen- und aller Unvollkommenheit, von Gesundheit und Krankheit sind immer in uns. Was über unser Schicksal entscheidet, ist, ob wir in der Zeit steckenbleiben und uns mit diesen Bedingungen identifizieren.

Ist ein Mensch von seiner Erbanlage her geistig eher stabil, so werden sich seine Streßmuster, was immer diese sind, auf anderen Bereichen manifestieren als auf den geistigen. Ist ein Mensch von seiner Erbanlage her körperlich eher stabil, so kommen seine Streßmuster nicht im körperlichen Bereich zum Ausdruck. Ist ein Mensch von seiner Erbanlage her sowohl geistig wie körperlich stabil, so werden sich seine Streßmuster, gleich welcher Art, auf andere Weise auswirken als im geistigen und körperlichen Bereich.

Im ersten Fall ist der Mensch geistig stabil und sein Denken funktioniert gut, aber die Belastungen werden in körperlichen Schwächen zum Vorschein kommen. Im zweiten Fall hat der Mensch einen stabilen und gut funktionierenden Körper, und Belastungen erscheinen in Form geistiger Schwäche. Im dritten Falle ist der Betreffende sowohl geistig wie auch körperlich stabil und gut funktionsfähig; die Belastungen, die irgendeine Art des Ausdrucks finden müssen, werden sich dann in Verhaltensstörungen bemerkbar machen.

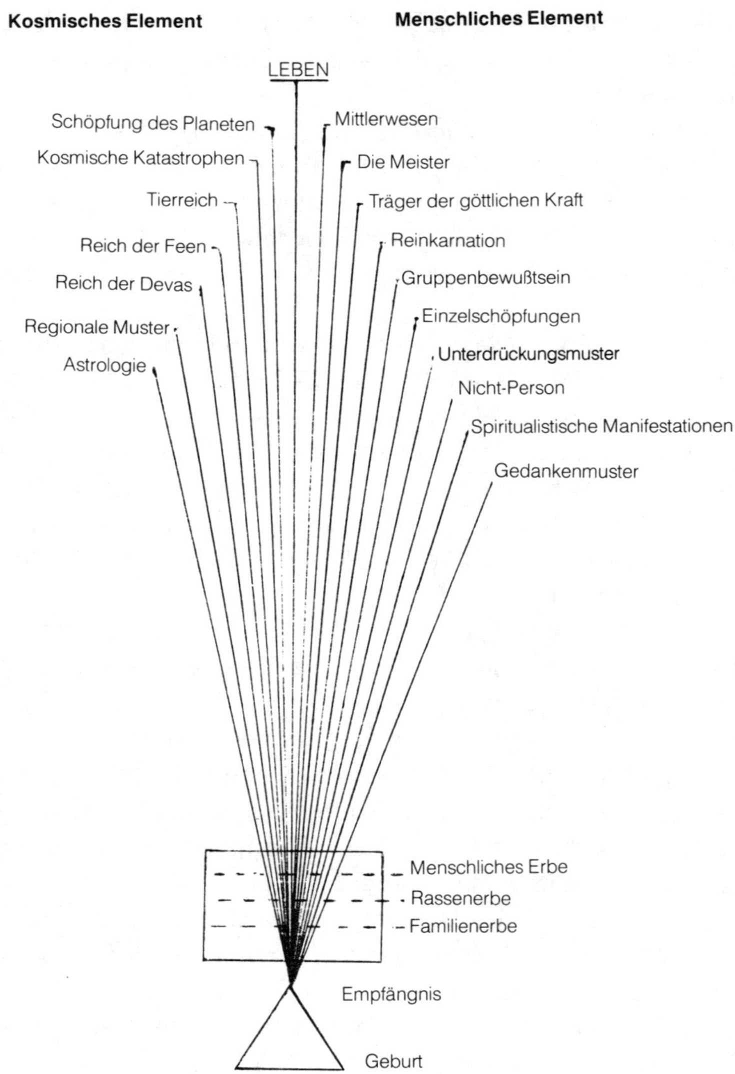
Kosmisches Element
Menschliches Element
LEBEN
Schöpfung des Planeten
Kosmische Katastrophen
Tierreich
Reich der Feen
Reich der Devas
Regionale Muster
Astrologie
Mittlerwesen
Die Meister
Träger der göttlichen Kraft
Reinkarnation
Gruppenbewußtsein
Einzelschöpfungen
Unterdrückungsmuster
Nicht-Person
Spiritualistische Manifestationen
Gedankenmuster
Menschliches Erbe
Rassenerbe
Familienerbe
Empfängnis
Geburt

Abb. 25

Vor-Empfängnis

Der Bereich der Vor-Empfängnis ist bei dieser Einteilung vermutlich der weitreichendste und strittigste. Es ist, wie der Name sagt, die Zeit vor der Empfängnis und besteht aus buchstäblich allem, was im Augenblick der Empfängnis zu den typischen Eigenschaften dieses neuen Lebens beiträgt.

Das Schaubild auf Abb. 25 stellt dies bildlich dar. Am unteren Ende der Zeichnung sehen Sie ein kleines Dreieck, welches die Schwangerschaftszeit darstellt — ein Dreieck, weil dieser Zeitabschnitt mit einer einzigen Zelle beginnt und mit einem vollentwickelten Baby endet; es ist eine allmähliche Ausweitung von einem unendlich kleinen Punkt zu einer vollständigen Grundlinie.

Über dem Dreieck befindet sich ein Rechteck mit drei waagerechten gestrichelten Linien darin. Die unterste Linie ist mit »Familienerbe«, die mittlere mit »Rassenerbe« und die oberste mit »menschliches Erbe« bezeichnet. Eine Reihe von Linien laufen hinunter durch den Erbgutfilter bis zur Spitze des Schwangerschaftsdreiecks. Alle diese Linien tragen eine bestimmte Bezeichnung.

Wir sind hier mehr am Augenblick der Empfängnis interessiert als an den physischen Einzelheiten. Das Sperma des Vaters trifft auf das Ei der Mutter, und daraus resultiert die erste Zelle des menschlichen Körpers — das ist das physische Muster.

Was uns interessiert, ist die Bewegungsfreiheit des Bewußtseins eines neuen Lebens auf diesen Augenblick hin und von dort aus weiter durch die ganze Schwangerschaft hindurch. Diese Bewegung, die sich als Veränderung und Entwicklung ausdrückt, ist das, worum es uns geht.

Im Augenblick der Empfängnis kommen zwei Haupteinflußströme zusammen. Der erste ist der physische Beitrag des Erbfaktors — das, was dem neuen Leben von den Genen in Form von Sperma und Ei mitgegeben wird. Dieser Erbfaktor läßt sich unterteilen in das Erbe der Eltern, das Erbe der Rasse und das menschliche Erbe. Die zweite Einflußquelle ist die umstrittene; hier geht es um nicht beweisbare, nicht materielle Faktoren.

Der Ur-Einfluß aus dieser Quelle ist das »Leben«. In der Terminologie der westlichen Religion wird dieser Faktor als der »Geist« bezeichnet. Im religiösen Denken der Inder hat er mehr die Form von »Bewußtsein«, und in China wird er zum »Yin-Yang«-Prinzip. Auf unserem Schaubild ist dieser Faktor durch die zentrale Linie dargestellt, die von ganz oben durch den Erbgutfilter hindurch zur Spitze des Dreiecks — der Empfängnis — verläuft.

Es wäre in diesem speziellen Falle mehr als müßig, wenn wir versuchen wollten, die Natur dieser Energiequelle zu definieren. Alles, was man vielleicht kategorisch feststellen könnte, wäre, daß die Energie, die wir von der Erde erhalten, in ihrer »Frequenz« auf eine bestimmte Ebene begrenzt ist. Die Energie aus der anderen Quelle, der des »Lebens«, hat eine höhere Frequenz als die der Erde. Diese beiden Frequenzen treffen sich in allen lebenden Formen, und aus diesem Aufeinandertreffen beziehen wir unsere Lebensenergie.

Wir können auch sagen, daß die Erbanlagen — die Gene — Erdfrequenz haben, während die anderen Charakteristika, da sie Gedankenfrequenz haben, dem Prinzip des »Lebens« näherkommen. Sehr grob ausgedrückt ist die Erdfrequenz die der Materie und die »Lebens«-Frequenz die der Gedanken. In diesem Buch bedeuten die Begriffe »Leben« oder Bewußtsein die Ur-Energiequelle, die nicht die der Erde ist.

»Leben« ist eine immer bereite Energiequelle, die im Augenblick der Empfängnis verfügbar ist. Wenn wir jedoch bedenken, daß es im Reich des »Lebens« oder des Denkens oder Bewußtseins ja keinen Zeitfaktor gibt, dann müssen wir daraus schließen, daß das ganze Muster des werdenden Lebens schon vor der physischen Empfängnis vorhanden ist. Die Folgerung, daß es sich also um Reinkarnation handelt, wäre voreilig. Aus dem, was ich bei meiner Arbeit beobachtet habe, geht sehr deutlich hervor, daß es Fälle von Reinkarnation gibt, und es gibt Gedankenschulen, die behaupten, daß jeder Sterbliche immer wieder geboren wird. Es gibt aber auch Fälle von Einzelschöpfungen — Wesen, deren Lebenszweck die Erfüllung von Motiven aus Bewußtseinsbereichen ist, die höher liegen als das unsere. Es gibt auch Fälle von Gruppenbewußtsein, wo eine ziemlich große Zahl von Menschen dasselbe Bewußtsein teilt. Es gibt Wesen, die ich »Nicht-Person« nenne — Menschen, die keine andere Existenz im Leben haben als die, buchstäblich die Erfahrungslast eines anderen, der dafür verantwortlich ist, zu tragen, und die keine eigene Existenz besitzen.

Die meisten Ideologien und Philosophien folgen Gedankenmustern, die sich allzusehr an die Grenzen des menschlichen Bewußtseins halten, insbesondere hinsichtlich des menschlichen Bedürfnisses nach einer »Vater«-Figur, einem Gott, der die ganze Verantwortung übernimmt und der belohnt oder bestraft.

Schauen Sie noch einmal auf das Schaubild, und beachten Sie all die anderen Linien, die auf beiden Seiten der Linie des »Lebens« hinunterlaufen. Sie bezeichnen all die verschiedenen Faktoren, die die Reinheit des »Lebens«-Faktors modifizieren. In absolut idealem Sinne würde nur das »Leben« in die neugeschaffene Form fließen; da wir jedoch ein ziemlich gestörter Planet sind, gibt es zahlreiche Faktoren, die der Reinheit des Bewußtseins in die Quere kommen. Manche dieser Faktoren sind gut, andere schlecht. Alle sind sie jedoch eine Herausforderung an den Menschen und eine Pflicht, der er sich im Leben stellen muß.

Das Schaubild ist in eine rechte und eine linke Seite eingeteilt. Die Faktoren auf der linken Seite sind die des Kosmos oder der Erde. Die auf der rechten Seite sind menschliche, bzw. vom Menschen geschaffene Faktoren.

Meine Anschauung über diese Faktoren beziehe ich aus mehreren Quellen: einmal aus den verschiedenen esoterischen Lehren, zum zweiten aus Beobachtungen von denkenden oder übersinnlich wahrnehmungsfähigen Individuen und dann aus dem, was ich selbst entweder im täglichen Umgang mit meinen Klienten und ihren verschiedenen Problemen beobachtet habe oder was ich aus meiner eigenen intuitiven oder inneren Wahrnehmung weiß.

Mittlerwesen

Das erste der menschlichen Elemente im pränatalen Muster sind die von mir so genannten »Mittlerwesen«. Es sind dies nicht-menschliche Wesen, die alle geistigen und physischen Attribute eines körperlichen Menschen besitzen, jedoch keine Substanz. Ihre Funktion ist die, kosmische göttliche Prinzipien in bestimmte Konzepte, z.B. Heilkunst, Architektur, esoterisches Denken, und alle möglichen anderen Aspekte des Lebens zu kanalisieren, damit in diesen die sich entwikkelnden Konzepte des universellen Planes zum Ausdruck kommen.

Ihre Zielrichtung ist klar und positiv, und wir sollten sie vielleicht gar nicht in dieser Rubrik aufführen, denn ihr Bereich liegt außerhalb dessen, was der Mensch geschaffen hat. Sie sind jedoch mitbestimmend als Einfluß auf unser Leben.

Die Meister

Die verschiedensten Gedankenrichtungen nehmen Bezug auf »die Meister«. Es gibt zwei Quellen für ihre Existenz: Sie sind entweder Wesen von anderen Planeten, die dem unseren sehr weit voraus sind oder Wesen, die die Abenteuer der menschlichen Lebensform hinter sich gelassen haben. Auf jeden Fall sind sie Führer der menschlichen Gedanken, und sie können eine physische Existenz haben oder ihren Einfluß »von der anderen Seite« her ausüben.

Träger der göttlichen Kraft

Dann gibt es Wesen, die den Mittlerwesen ähnlich sind, jedoch in physischer Gestalt erscheinen. Dies sind Menschen, die tatsächlich Träger der göttlichen Kraft sind. Ihre Aufgabe ist es, den universellen Ablauf zu unterstützen. Es sind nicht notwendigerweise »Supermenschen«, aber ihr führendes Lebensprinzip wird aus Bereichen, die über das Irdische hinausgehen, bestimmt.

Reinkarnation

Das nächste ist das uralte Konzept der Reinkarnation. Dieses ist in den östlichen Religionen zu dem geworden, was für Christen der Himmel ist — eine Art »Heilshoffnung«.

Reinkarnation existiert insoweit, wie der Mensch ein Gefühl der eigenen Wichtigkeit aufgebaut hat und eine Notwendigkeit der Fortdauer. Das kosmische Schöpfungsmuster ist ein beständiges »Stirb und werde«. Schöpfung und Zerstörung gehen Hand in Hand: das eine kann nicht ohne das andere existieren, denn oft muß die alte Form zerstört werden, damit das Neue geboren werden kann.

Der kosmische Lebensplan ist nur möglich, wenn es Zerstörung geben kann. Wir können in unserem physischen Körper nur leben, wenn wir die Beschaffenheit dessen, was wir in uns aufnehmen, ständig verändern und uns der Reste entledigen. So kann das Lebensprinzip auf diesem Planeten nur kreativ sein, wenn alles sich ständig verändert. Ein Festhalten an einer Form, die ihren Zweck erfüllt hat, erzeugt Krankheit.

Es gibt Reinkarnation, und es gibt Wesen, die auf die rechten Bedingungen warten, um wieder in das physische Leben eintreten zu können. Diese Wesen halten jedoch an der Form dessen, was sie in einem vorhergegangenen Leben waren, fest, einer Form, die für eine weitere Existenz nutzlos geworden ist. Unsere Stärke im Leben ist, nicht festzuhalten.

Gruppenbewußtsein

Der reinkarnierte Mensch ist eine Einzelperson, beim nächsten Einfluß jedoch, beim »Gruppenbewußtsein«, haben viele Menschen dasselbe Bewußtseinsmuster, dasselbe Bewußtsein, das ein einzelner Mensch haben könnte. In diesem Bewußtsein besteht ein Mangel an Individualität, ein Mangel an unabhängiger Kreativität.

Die Einzelschöpfung

Man könnte sagen, die Einzelschöpfung ist, wie zuvor schon erwähnt, nur dazu erschaffen worden, um eine Idee zu verkörpern, eine Erfindung oder ein politisches oder religiöses Thema. Sie ist eine Schöpfung, die der Entschlossenheit des Menschen entspringt, seinen Einfluß auf das Leben aufrechtzuerhalten.

Die Nicht-Person

Auch diese haben wir zuvor schon in einigen Einzelheiten besprochen. Sie ist nichts weiter als eine menschliche Hülle für das überschüssige »Karma« eines Individuums, das zum Erfolg geboren ist, erfolgreich ist und damit alles auflöst, was von der Nicht-Person getragen wird.

Spiritualistische Manifestationen

Es gibt eine Art von Wesenheit, die von medial veranlagten Spiritisten »auf der anderen Seite« geschaffen wird und die einen Ausdruck im Leben finden muß. Das kann soweit führen, daß sie den Betreffenden »besetzen«, also zu Zuständen von Besessenheit oder Zurückgebliebenheit.

Gedankenmuster

Alle Gedanken, insbesondere tief erlebte und inspirierte Gedanken, verbleiben in den Bereichen von »Raum und Zeit« und sind als eine Art Gedankenbibliothek verfügbar.

Wenn wir über irgendein Thema sprechen, das uns tief berührt, dann stimmen wir uns ziemlich automatisch in diesen Gedankenbereich ein. Er ist oft ein Quell der Inspiration und intuitiver Ideen, die wir also aus Zeit und Raum aufnehmen.

Diese Gedankenmuster können gut oder schlecht sein. Es können auch ganze Abhandlungen über ein bestimmtes Thema sein, die irgendein Denker der Vergangenheit geschaffen hat, oder aber nur flüchtige Gedankenkonzepte.

Die Zielsetzung des menschlichen Lebens ist die Umwandlung. Wenn wir etwas wirklich Vollkommenes schaffen können, aus Geist oder Materie, so wird dies Teil des absoluten Bewußtseins. Es verläßt den Bereich von Zeit und Raum, die ewige Runde der Erscheinungen, und wird Teil der Quelle allen Lebens.

Jene Gedanken und Handlungen, die nicht die absolute Vollkommenheit in sich haben, bleiben als unvollständige Gedanken in Zeit und Raum bestehen, und zwar getrennt von ihrem Denker, bis ein anderer Denker sie aufnehmen und vervollkommnen und somit umwandeln kann. Dann hören sie auf, in Zeit und Raum zu existieren, und es ist ein wenig mehr vom Ziel der Schöpfung erfüllt worden.

Diese Gedanken können auch oftmals schlechter Art sein, und in diesem Falle bedürfen sie noch mehr der Umwandlung. Unglücklicherweise kann jedoch auch das Gegenteil geschehen, und sie können das Leben des Menschen, der sie aufgreift, zerstören.

In Zeit und Raum existieren auch größere Konzepte von Gedankenmustern. Es sind dies die Gedankenmuster religiöser und okkulter Doktrinen oder wissenschaftlichen und technischen Fachwissens. Wenn man eine Geige bauen will, so besteht die Möglichkeit, sich in die Gedankenmuster großer Geigenbauer aus vergangenen Zeiten einzuschwingen. Es sind dann nicht einfach diese Geigenbauer selbst, die einem helfen, sondern die Gedankenkonzepte, die sie geschaffen und in Zeit und Raum für die Welt aufbewahrt haben.

Edison Bell war es, der bei seinen elektrischen Erfindungen sagte, daß alles Wissen in Zeit und Raum vorhanden sei. Alles was zu tun wäre, sagte er, sei, die Hand danach auszustrecken.

Diese Faktoren unter der Überschrift »Das menschliche Element« werden hier als modifizierende Einflüsse auf die Grundqualität der Lebenskraft aufgeführt, die im Augenblick der Empfängnis in die erste Zelle eintritt.

Es gibt hier zwei beherrschende Faktoren. Der eine besteht darin, daß wir in gewissem Maße der göttlichen Kraft unterworfen sind. Die Mittlerwesen, die Meister und die Träger der göttlichen Kraft sind Faktoren, die von außermenschlichem Bewußtsein abhängig sind. Ich sage dies absichtlich so vage, denn über die göttliche Kraft können wir erst etwas wissen, wenn wir mit der Zeit die Bewußtseinsebene erreichen, die der Urkraft entspricht.

Der zweite Faktor besteht darin, daß Reinkarnation und andere Muster, die ein zwanghaftes Element beinhalten, sich dem Muster des zukünftigen Lebens oft aufdrängen. Auch ziehen die ererbten Faktoren bestimmte ähnliche Muster aus den in Raum und Zeit vorhandenen an sich. Ziel unserer Arbeit ist es, das Bewußtsein des Klienten von den Blockierungen, die mit solchen Belastungen zusammenhängen, zu befreien, so daß er nicht mehr von ihnen beherrscht wird, sondern sie kreativ für seine Lebensabsicht einsetzen kann.

Unter der Überschrift »Kosmisches Element« auf der linken Seite haben wir Faktoren, die weder vom Menschen geschaffen sind noch der Kontrolle über den Menschen dienen.

Schöpfung des Planeten

Das ganze Schöpfungsmuster des Planeten ist ein Faktor in unserem eigenen Schöpfungsmuster. Der Prozeß, den wir durchlaufen, ist davon konditioniert und beherrscht, bis wir uns in solchem Maße von den Mustern der Vergangenheit lösen können, daß wir frei von diesen Einflüssen sind und sie zu unserem Nutzen im Leben einsetzen können.

Wir können die Schöpfung unseres Planeten von verschiedenen Standpunkten aus betrachten — ich habe im Anhang dieses Buches ein Konzept dieses Ereignisses und der darauffolgenden Geschichte bis zum heutigen Tag dargestellt. In diesem Bild der vergangenen Ereignisse müssen wir auch den Wechsel vom Zeichen der Fische in das des Wassermanns, den ich im letzten Kapitel erwähnt habe, berücksichtigen. Dies ist ein Einfluß planetarischer Art, der sich insofern auf den Menschen auswirkt, als er Bewohner dieses Planeten ist. Wenn sein Festhängen in der Zeit mit der Geschichte des Planeten zusammenhängt, dann hängt es auch mit diesem astrologischen Einfluß zusammen.

Kosmische Katastrophen

Es hat viele kosmische Katastrophen gegeben, die die Gestalt der Kontinente erheblich verändert und ganze Bereiche der Menschheit ausgelöscht haben. Vielleicht können wir diese Katastrophen als Auswirkung großer astrologischer Veränderungen betrachten, da die Erde diesen Einflüssen in gleicher Weise unterworfen ist wie wir und der Veränderung auch dieselben Widerstände entgegensetzt.

Das Tierreich

Der Ablauf des Tierreiches unterliegt nicht dem des Menschenreiches, untersteht jedoch den kosmischen Einflüssen des Planeten.

Wenn wir diesen Faktor verstehen wollen, so müssen wir in Betracht ziehen, daß die kosmische »Mentalität« eine andere Frequenz hat als unsere eigene. Wenn wir unser Bewußtsein erweitern, um die Hintergründe und Motivationen dieses Universums zu begreifen, dann begeben wir uns in ein Schwingungsmuster des Bewußtseins, in dem wir mit dem Verstand nicht argumentieren oder folgern können. Bei den Gelegenheiten, in denen das denkende Bewußtsein bis in diese Bewußtseinsbereiche ausgedehnt wird und wir nicht darauf vorbereitet sind, kann es zu einer Überschreitung der Grenzen des Verstehens kommen, Störungen des Verstandes oder Entzündungen im Kopfbereich können die Folge sein. Übersinnlich begabte Menschen, die in Bereiche jenseits der Grenzen der menschlichen Fähigkeiten vordringen, bringen schon eine größere Fähigkeit zur Aufnahme dieses Bereiches in ihr Leben mit.

Ein Aspekt des kosmischen Planes, der mir deutlich erscheint, ist die

Aufgabe des Menschen, umzuwandeln: Wenn er die Muster seines eigenen blockierten Bewußtseins geklärt hat, dann wird er in der Lage sein, mit der Klärung des kosmischen Bewußtseins fortzufahren.

Tiere sind modifizierte Formen menschlichen Bewußtseins — jedes verkörpert ein anderes geistiges Konzept. Sie bringen sowohl die normalen wie auch die abnormalen Eigenschaften des Menschen zum Ausdruck.

In der Mythologie ist in allen Geschichten, die vom »Fall«oder von der »Höllenfahrt« des Menschen handeln, die Rede von einem Sturz aus einer höheren Form des »Lebens« in eine fragmentierte, zerteilte Form. Tiere sind modifizierte Formen des menschlichen Bewußtseins, innerhalb der »gefallenen« Welt ein Ausdruck von etwas, für das letztendlich der Mensch die Verantwortung trägt.

Das stellt das Tierreich nicht außerhalb des ewigen Kreislaufs der Gedankenmuster von Zeit und Raum oder der sogenannten Reinkarnation. In dem Maße, wie der Mensch allmählich sein eigenes Bewußtsein meistert und andere Aspekte des kosmischen Bewußtseins aufnehmen kann, kann er auch die »Seinsmotive« des Tierreiches umwandeln, und die Tiere werden allmählich aus ihrem physischen Bewußtsein in ein menschliches und dann in die Gesamtheit allen Bewußtseins gezogen. Dasselbe gilt auch für das Mineral- und das Pflanzenreich. Dieser Aspekt der kosmischen Einflüsse ist es, der sich auf den Menschen auswirken kann, und er kann in solchem Maße in diesen Zeitfaktoren festgehalten sein, daß er eine tierische Mentalität annimmt.

Reich der Feen und Reich der Devas

Es gibt auch ein Feen- und ein Deva-Reich. Feen und Devas sind einfache Wesen von menschlicher Form, aber nicht von menschlicher Substanz, die Verantwortung gegenüber dem Tier- und dem Pflanzenreich haben. Zu viel Identifikation mit diesen Reichen kann zu Einfältigkeit oder anderen Formen geistigen Ungleichgewichts führen.

Regionale Muster

Der Planet selbst hat ein Bewußtsein und ist ein »Wesen«. Jeder Landstrich hat seine eigene Mentalität und seine ganz eigene Art, das Leben zum Ausdruck zu bringen. In England z.B. ist sehr bemerkenswert, wie verschieden sich die Hügel Schottlands, die Hügel von Cumberland und die von Wales »anfühlen«. Wenn man in der Toskana lebt, so wird einem der dortige Deva-Einfluß besonders deutlich. Der emotional arme Einfluß des nordamerikanischen Kontinents steht in deutlichem Gegensatz zum gefühlsmäßig reichen der italienischen Halbinsel. Jedes Land und sogar jede Landschaft und jeder Ort hat seine eigenen Erdeinflüsse, die sehr stark auf die dort lebenden Menschen einwirken.

Astrologie

Schließlich ist da die Astrologie. Ich habe mit diesem Thema bisher fachlich nicht eingehend gearbeitet, aber es ist ganz offensichtlich so, daß der Einfluß der Planetenpositionen eine Wirkung auf uns ausübt, je nach der Zeit unserer Empfängnis oder Geburt.

Ich habe bereits vom Einfluß des Wassermann-Zeichens auf dieses Zeitalter gesprochen. Wir werden praktisch dazu gezwungen, diesen Faktor anzuerkennen, denn in der sozialen und ökonomischen Struktur unserer Gesellschaft geschieht so vieles, was wir nur verstehen können, wenn wir den Einfluß des Wassermann-Zeichens darin erkennen.

Die Frage, welche Einflüsse bei der Empfängnis mitspielen, ist sehr umstritten. Sicherlich halten viele Leute viele der Faktoren, die ich unter den vor-konzeptionellen Einflüssen aufgeführt habe, für sehr abwegig, aber — wie ich schon zu Anfang gesagt habe — Standpunkte sind willkürlich.

Ich gehe deshalb auf dieses Thema ein, weil es ganz offensichtlich im Muster der Dinge etwas gibt, was die Qualität des bei der Empfängnis präsentierten »Lebens« modifiziert und beeinflußt.

Empfängnis

Die Empfängnis findet vermutlich in dem Augenblick statt, wo der Samen in das Ei eindringt. Dies ist der erste Augenblick des körperlichen Lebens des künftigen Babys. Es ist auch der Augenblick, wo jeder einzelne Faktor in der Umgebung des neuen Lebens auf eine einzige Zelle und einen einzigen Augenblick konzentriert ist.

»Erfahrung« ist mit der physischen Existenz gekoppelt. Die Art der Erfahrung, die mit dem nicht-physischen Bereich zusammenhängt, ist von anderer Art als die physische und braucht in diesem Zusammenhang nicht berücksichtigt zu werden. Echtes Erleben ist das, was zum gegenwärtigen Zeitpunkt unseres Funktionierens existiert.

Die Faktoren solchen Erlebens, die im Augenblick der Empfängnis gegenwärtig sind, sind die, die in den Genen enthalten sind — das Erbe der Familie, der Rasse und des Menschseins. Dazu kommt der Faktor des »Lebens«. Dieser Faktor ist nicht-physisch, aber ohne ihn kann nichts Physisches existieren.

Die im Augenblick der Empfängnis gegenwärtigen Faktoren sind nicht wirklich die dieses Zeitpunktes, sondern es sind, außer den Faktoren des »Lebens« selbst und denen des Erbes, all jene, die ich im vorangehenden Abschnitt über die vor-konzeptionelle Zeitperiode erwähnt habe.

»Leben« ist das reine, klare Wasser der Ur-Substanz. Es ist das Licht, das die physische Aktivität entzündet, der Gedanke oder »das Wort«, das erschafft. Nichts kann seine primäre, aktivierende Funktion verändern. Es ist für alle Lebensformen da, tierische, pflanzliche und mineralische.

Man kann sagen, daß es zwei Gründe dafür gibt, daß die anderen Faktoren des vor-konzeptionellen Musters ihren Einfluß auf das neue Leben ausüben können. Der eine ist sozusagen ein äußerer, der andere ein innerer. Der erste folgt aus dem Muster der Motive und Absichten, das im gesamten Muster der Existenz, auf Ebenen, die weit jenseits und über unserer Reichweite liegen, existiert und von dem wir nur die

Endprodukte kennen. Hier entscheidet sich, in welchem Ausmaß all die Gedankenmuster in Zeit und Raum dazu verwendet werden, das neue Leben nach höheren Absichten zu formen. Der zweite Grund ist das Erbe. Das Erbmuster hat die Tendenz, Faktoren aus Raum und Zeit in dieses neue Leben hereinzuziehen, zu denen es eine Affinität hat, die sowohl positiv wie auch negativ sein kann.

Der erste Faktor wird sich auch auf das Leben der Eltern des neuen Lebens auswirken, darauf, welche beiden Menschen sich verbinden. Die Empfängnis ist ein Konzentrationspunkt in der Zeit, der vermutlich für die Menschen, deren Motive vor dem Ereignis damit zu tun haben, sehr wichtig ist, und ganz gewiß für das neue Leben. Jeder einzelne Faktor, der darüber bestimmt, wie dieses neue Leben sein wird, ist in diesem Augenblick gegenwärtig.

Bevor diese Therapie entwickelt wurde, konnte man sagen, daß das »Schicksal« des neuen Lebens in diesem Augenblick festgelegt wurde. Nachdem wir mit dieser Therapie jedoch einen neuen Ansatz dazu haben, braucht das Wort »Schicksal« keinen negativen, verhängnisvollen Beiklang mehr zu haben.

Alle Faktoren, die während der anderen Zeitabschnitte innerhalb unserer Unterteilung auftreten, existieren nur aufgrund der bei der Empfängnis vorhandenen. Dies trifft sogar auf Faktoren wie Schocks, Verletzungen oder Drogenauswirkungen während der Schwangerschaft zu, die die mentale und physische Struktur des Kindes verändern können. Innerhalb gewisser Grenzen sind es die bei der Empfängnis gegenwärtigen Faktoren, die darüber entscheiden, wie die mentale und physische Struktur auf Einflüsse, denen sie ausgesetzt ist, reagiert. Ein wirklich vitales und gesundes Muster von bei der Empfängnis vorhandenen Faktoren kann die schlimmsten vorgeburtlichen Einflüsse überstehen, während ein schlechtes Muster die Ursache dafür sein kann, daß das neue Leben auf geringste Störungen negativ reagiert.

Bei der Behandlung müssen wir uns immer dessen bewußt sein, daß alles, womit wir zu tun haben, mit der Empfängnis beginnt. Ein wirklich schwerer Fall von Furcht und Beklemmung und physischer und geistiger Stagnation aus einer Schwellenangst heraus zeigt alle seine Symptome in der Zeit der Vor-Geburt, und man wird hauptsächlich die dieser Zeit entsprechenden Bereiche an Füßen, Händen und Kopf behandeln. Der Grund hierfür wurde jedoch bei der Empfängnis gelegt.

Die Umstände, in denen die Mutter sich zur Zeit der Empfängnis befindet, sind ein wichtiger Faktor: Krieg, Überschwemmung, Erdbeben, Vergewaltigung, Liebe, Haß, ob sie verheiratet ist oder nicht, ob der Vater des Kindes sie will oder nicht. All diese Faktoren werden einen Einfluß auf das neue Leben haben. Jedoch, wie schon gesagt, wird nur ein negativer Einfluß in den vor-konzeptionellen Mustern das neue Leben auf diese Umwelteinflüsse negativ reagieren lassen, ein positiver Einfluß hingegen kann es befähigen, eine positive und kreative Haltung dazu einzunehmen.

Die Empfängnis ist für dieses neue Leben der Anfang von allem. Ziehen Sie deshalb bei Ihrem Klienten immer diesen Uranfang mit in Betracht. Konzeptionelle Merkmale sind abstrakter Art, während die von Geburt und Vor-Geburt sehr real sind. Der Klient leidet unter den Mustern des Geburtstraumas, die Symptome des konzeptionellen Musters sind jedoch mentaler Art.

Die Zeitperiode der Empfängnis beginnt natürlich damit, daß der Samen in das Ei eindringt, und strenggenommen endet sie auch damit schon. Wir können jedoch auch einfach sagen, daß sie vielleicht so lange dauert, wie die erste Zelle noch eine einzelne Zelle ist, d.h., solange die Zellteilung und damit die wirkliche Entwicklung des Menschenwesens noch nicht begonnen hat. Die Zellteilung beginnt während des ersten Schwangerschaftstages, und physiologisch gesehen ist dies der eigentliche Beginn des Lebens.

Nach-Empfängnis

Die Periode der Nach-Empfängnis beginnt direkt nach Ende der Empfängnis, man könnte also sagen, am ersten Tag der Schwangerschaft.

Ich habe jedoch gefunden, daß es an der Fußinnenseite, dort wo die Zehenglieder mit dem Mittelfußknochen verbunden sind, eine Stelle gibt, die die charakteristischen Merkmale der Nach-Empfängnis-Zeit aufweist. Dieser Punkt entspricht der sechsten Schwangerschaftswoche und dem siebten Halswirbel.

Etwa 46 bis 48 Tage nach der Empängnis (also etwa 6 1/2 Wochen danach und immer noch körperlich dem siebten Halswirbel entsprechend) endet die sogenannte Embryo-Phase. Jetzt ist in jeder Hinsicht alles vorhanden, was es zu einem menschlichen Wesen braucht — es muß sich nur noch entwickeln und wachsen. (Im Anhang dieses Buches habe ich die verschiedenen Entwicklungsstadien des Kindes durch die Schwangerschaft hindurch detailliert dargestellt.)

Dieser Punkt am Fuß hat auch eine Beziehung zum Solarplexus, obwohl er sich ein Stück oberhalb der entsprechenden Reflexzone befindet. Man kann deshalb sagen, der mit »Nach-Empfängnis« bezeichnete Punkt stellt das Zentrum der Aktivität für die primäre Entwicklung dar, und sein Einfluß erstreckt sich auch auf das darüber- und darunterliegende Gebiet. Wie ich schon früher gesagt habe, sind diese Unterteilungen des pränatalen Musters ziemlich willkürlich und treten auch nur in Erscheinung, wenn der Durchfluß des Lebens durch Streß und Blockaden behindert ist.

In der Nach-Empfängnis-Zeit liegt der Schwerpunkt auf der »Entwicklung«. Es ist die Zeit, während der das neue Leben all die Faktoren, die es bei der Empfängnis vorfindet, in Kraft setzt — und das sind viele! Stellen Sie sich vor, daß Sie einen wunderschönen Besitz erben, mit schönen Gebäuden darauf, wundervollen Bäumen und Büschen, herrlichen Gärten, einem Fluß und idealem Wetter. Der ganze Besitz kann jedoch mit einer Bedingung verknüpft sein — Reinkarnation —, so daß Sie damit nur das tun können, was in der Erburkunde niedergelegt ist. Es gibt massive Schulden — und die karmischen Belastungen erfordern mehr Aufmerksamkeit als das Leben hier und jetzt. Es gibt Gespenster und Poltergeister, mit denen Sie fertig werden müssen, ganz zu schweigen von endlos vielen Verwandten, die der Ansicht sind, daß sie auch das Recht haben, auf diesem Grund zu wohnen. Mit diesen Dingen umzugehen ist keine leichte Aufgabe. Um mit all den ihm auferlegten Bedingungen fertig zu werden, muß das neue Leben schlauer sein als der durchschnittliche Geschäftsmann.

Das Leben des neuen Kindes ist passiv, d.h., es muß alles Vorhandene akzeptieren. Es gibt nur eine Alternative, und die ist, »zurückzutreten«, d.h., solche Störungen und Konflikte zu produzieren, daß die Mutter eine Fehlgeburt hat. Außer bei Unfällen oder sehr unvernünftiger Lebensweise der Mutter ist das Kind der Urheben von allem, was der Mutter widerfährt. Das gilt für alles, was während der Schwangerschaft geschieht, einschließlich der Geburt.

Die Passivität des Kindes gegenüber den Umständen bedeutet, daß es sich früher oder später abfinden muß mit all den Faktoren, die es vorfindet. Es kann sagen: »Ich hab' eigentlich keine Lust, den ganzen Abwasch heute zu machen. Ich mach' ihn morgen.« Damit verschiebt es aber nur einen Teil seiner Entwicklung auf einen zukünftigen Zeitpunkt und hat dann natürlich später um so mehr zu tun. Es kann einen großen Teil dieser Entwicklung bis nach der Geburt verschieben, aber dann ist das Kind natürlich zurückgeblieben oder ein Spätentwickler. Je früher es in seiner Aufgabe der Entwicklung versagt, desto zurückgebliebener wird das Kind sein. Wenn ein solches Versagen schon mit der Empfängnis angelegt wurde, weil die Gene der Eltern ähnliche Defekte enthalten, dann ist das Ergebnis vollständige Zurückgebliebenheit. Wenn dieses In-der-Entwicklung-Nachhinken nach der Empfängnis beginnt, in der Nach-Empfängnis-Zeit also, dann ist das Ergebnis Unreife und verzögerte Entwicklung.

Unser Gefühl des Verhaftetseins in der Zeit kommt aus dieser Zeitperiode. Die Empfängnis ist für dieses Leben der Anfang der Zeit. Wenn bei der Empfängnis alles vollkommen wäre, so würde unser Zeitgefühl eine optimale Verbindung von Veränderung und Ausgewogenheit des Zeitfaktors darstellen, je nach den Bedürfnissen des jeweiligen Lebensmomentes. So wie die Dinge stehen in dieser verwirrten Welt, sind wir jedoch in der Zeit festgehalten, gefangen in Zwängen der Vergangenheit und immer im Kampf mit einem Gefühl von »zu spät« oder »zu früh«.

Während der Nach-Empfängnis-Zeit wird dieser Zeitfaktor zum ersten Mal erprobt, und hier entstehen Gewohnheiten, die das Kind normalerweise sein Leben lang haben wird.

Vor-Geburt

Der mit »Vor-Geburt« bezeichnete Zeitabschnitt wird mit der dreiundzwanzigsten Schwangerschaftswoche und der Spitze des obersten Lendenwirbels assoziiert.

Man könnte sagen, daß er etwa die Mitte des Zeitabschnitts darstellt, während dessen das Baby seine Aufmerksamkeit nach vorne, auf die Zeit seines Lebens außerhalb des Mutterleibes richtet. Wenn keine Störungen da sind, die ihm das Gefühl geben, daß es in der Zeit festhängt, dann verbringt das Kind seine Zeit mit Vorbereitungen, wie für ein Examen. Wenn es jedoch Anlaß für Streß und Spannung hat, dann entwickelt es eine ganz unmittelbare Angst vor der Zukunft. Hier, in dieser Phase, entwickelt es die Widerstände gegen Veränderung, die die nächste Phase, die Geburt, schwierig machen. Im großen und ganzen kann man sagen, daß es das Kind ist und nicht die Mutter, das sich gegen die Austreibung sträubt. Die Mutter hat vielleicht ihre eigenen Widerstände und Konditionierungen in diesem Prozeß, aber sie ist tief versunken in einem ganz physiologischen Prozeß, der von den Gewohnheiten und Bräuchen von Millionen von Jahren bestimmt ist. Ihr Bewußtsein war während der letzten neun Monate ganz auf das ihres Kindes eingestellt. Es sind die Gefühle des Kindes, von denen die Mutter in großem Maße bestimmt wird. Wenn sie natürlich stark unter dem Einfluß von Schmerzmitteln steht, wird sie viel von ihrer Empfindsamkeit für die Gefühle des Kindes verloren haben. Dasselbe gilt für Kaiserschnittgeburten: Hier sind sowohl die Gefühle der Mutter wie auch die des Kindes ausgeschaltet.

Während für die Nach-Empfängnis-Zeit »Entwicklung« das Schlüsselwort ist, kann man für die Vor-Geburts-Zeit sagen, daß es um »Vorbereitungszeit« geht. Wenn man sich auf irgend etwas vorbereitet, wird ein Mangel an Fähigkeit oder Übung auf dem entsprechenden Gebiet immer ein Gefühl von Unzulänglichkeit und Angst hervorrufen. Alles, was bis zu diesem Zeitpunkt zum Werdegang des Charakters des Kindes beigetragen hat, wird jetzt auf die Probe gestellt. In gewissem Sinne ist es ein Probelauf für die Art des Lebens, die das Kind nach der Geburt führen wird.

Geburt

Die Geburt ist einfach Aktion oder mangelnde Aktion. Das Ausmaß an Aktionswiderstand, das in der Vor-Geburts-Periode vorhanden war, wird hier offensichtlich.

Einmal habe ich einen Klienten behandelt, der eine Art von Zurückgleiten in der Zeit erlebte, zurück zu seiner Geburt. Er sagte mir, er säße auf dem Messingknopf am Fußende des Bettes, in dem seine Mutter lag und einen hysterischen Anfall hatte. Die Schwester und der Arzt versuchten, sie für die bevorstehende Geburt zur Ruhe zu bringen. Er habe sich gefragt, ob er sich von der Situation unterkriegen lassen oder sich durchkämpfen sollte. Er kämpfte sich durch. Dies zeigt etwas von der Geisteshaltung des ungeborenen Kindes. Wir haben vor der Geburt eine ebenso klare Fähigkeit zu denken wie zu irgendeiner anderen Zeit unseres Lebens.

Das geistig zurückgebliebene Kind hat dieselbe Denkfähigkeit, wie wir sie in unserem relativ normalen Bewußtsein haben; es kann seine Gedanken jedoch nicht in Handlungen umsetzen. Das Versagen, aus seinen Gedanken und Gefühlen irgendwelche praktischen Resultate zu erzielen, bewirkt schließlich, daß das zurückgebliebene Kind immer weniger denkt und auch immer weniger fühlt. Die Denkfähigkeit ist jedoch nichtsdestoweniger immer vorhanden.

Der einzige Unterschied in der Denkstruktur des ungeborenen Kindes im Vergleich zu der unseren ist vermutlich, daß wir eine gewisse

Menge an Bildung und Erfahrung im Leben haben, an der wir unsere Gedankenmuster festmachen können. Das Denken des Ungeborenen ist rein und abstrakt.

Die Geburt ist das natürliche Ende der Schwangerschaftszeit, ganz gleich, wie viele Wochen nach der Empfängnis sie stattfindet. Sie korrespondiert mit dem unteren Ende des Steißbeins. Ihre wirkliche Zeitdauer ist, wie bei der Empfängnis, die Zeit, die der ganze Vorgang braucht, bis er abgeschlossen ist.

Geistige Merkmale

Belastungen, die von Blockaden in den verschiedenen Phasen der Schwangerschaft herrühren, schlagen sich in Krankheit oder irgendwelchen anderen Formen der Abnormalität nieder. In diesem Abschnitt beschäftigen wir uns mit den geistigen Kennzeichen der verschiedenen Aspekte des pränatalen Musters.

Vor-Empfängnis

Hier haben wir es natürlich mit der Zeit vor der Empfängnis zu tun. Jedes Muster übermäßiger Identifikation, welches das Bewußtsein des betreffenden Wesens in anderen Bereichen als dem der Gegenwart festhält oder in Denkmustern, die in der Gegenwart keinen Ausdruck finden, hindert es daran, sich auf die Aufgaben zu konzentrieren, die ihm während der Schwangerschaft gestellt sind. Körperlich durchläuft es diese Periode, geistig jedoch ist es in der Vergangenheit festgehalten oder in Gedankenmustern, die zu diesem Leben keine Beziehung haben.

In diesem Fall handelt es sich um echte Zurückgebliebenheit. Die Denkmuster des Kindes haben sich der Empfängnis noch nicht einmal genähert, und von einer Bewegung durch die darauffolgenden Entwicklungsperioden kann gar nicht die Rede sein.

Man kann von geistiger Zurückgebliebenheit sprechen, wenn der Geist oder das Bewußtsein an den Ereignissen des Lebens überhaupt nicht teilnimmt. Wenn das Kind mit den Entwicklungsabschnitten nach der Empfängnis nicht zurechtkommt, ist das Resultat ein Mangel an Reife oder verzögerte Entwicklung. Es ist ganz gut in die Empfängnis hineingekommen, versagt aber im Weitergehen.

Eine Auswirkung von Streß vor der Empfängnis erscheint vielleicht als Anachronismus, da es doch kein Leben und auch keinen Zeitfaktor gibt, auf den er sich niederschlagen könnte. Dies ist jedoch ein Beispiel für »Besessenheit«, für den Umstand, daß Gedankenmuster mitwirken, die in der Vergangenheit geschaffen wurden und nach Fortdauer streben. Für diesen Zweck unterscheiden wir nicht zwischen nichtverkörperten Wesen und Gedankenmustern — beide können einen Menschen »besetzen«, beide streben nach Manifestation, wenn auch aus verschiedenen Gründen.

Man kann es auch vom entgegengesetzten Standpunkt aus betrachten: geistig unstabile Eltern tragen zur geistigen Stabilität ihres Nachwuchses so gut wie gar nichts bei. Dieser Faktor kann allein schon Aspekte aus den gedanklichen Bereichen, die danach streben, sich zu manifestieren, anziehen und ins Leben bringen.

Wenn die Identität eines Menschen übermäßig in der präkonzeptionellen Phase fixiert ist, ist er psychotisch. Ich sehe wenig Sinn darin, die Gründe für die Psychose eines Kindes zu analysieren, und zwar deshalb, weil es für unsere Arbeit absolut nicht notwendig ist, zu wissen, wie die Vergangenheit war oder welches die Gründe für den gegenwärtigen Zustand des Klienten sind. Wir werden ihm auf jeden Fall helfen, sich zu verändern. Wenn man jedoch Wert auf die Analyse legt, so ist interessant zu wissen, daß Blockierungen, die mit der Zirbeldrüse assoziiert werden, sich als wirkliche Geisteskrankheit oder Schwachsinnigkeit ausdrücken, während Blockierungen, die mit der Hypophyse assoziiert werden, als intellektuelle Verwirrtheit zutage treten.

Die Zirbeldrüse wird mit dem absoluten Bewußtsein in Verbindung gebracht, der reinen Qualität des »Lebens«. Ebenso wie ein Traum innerhalb eines einzigen Augenblicks abläuft und mit dem Stimulus, der ihn ausgelöst hat, endet, so ist das neue Leben auf die oder in der Zirbeldrüse konzentriert; sie ist zwar noch nicht erschaffen, fungiert aber nichtsdestoweniger als Konzentrationspunkt.

Die Hypophyse verlegt diesen Konzentrationspunkt einen Schritt näher auf die Empfängnis hin. Sie hat die Beschaffenheit eines mentalen oder gedanklichen Musters. Die Zirbeldrüse entspricht dem Geist oder Prinzip der Struktur des neuen Lebens, während die Hypophyse dem stofflichen Körperaufbau entspricht.

Empfängnis

Die Empfängnis bringt das Vorhandene in die Materie. Wenn Wahnsinn da ist, wird zu diesem Zeitpunkt das Leben eines Wahnsinnigen festgelegt. Ist Genialität da, dann wird das neue Leben das eines Genies. Wirkliche Zurückgebliebenheit ist vor der Empfängnis geschaffen und kommt mit ihr in einer irdischen Form zum Vorschein.

Die Empfängnis ist nicht der Zeitpunkt, an den irgendein bestimmter Bewußtseinszustand oder irgendein physisches Muster geschaffen wird. Sie ist nur ein Augenblick der Manifestation, wie die Geburt.

Direkt nach der Empfängnis kann es überwältigend sein, denn in diesem Augenblick kommen alle Faktoren, die dieses neue Leben betreffen, in einer einzigen Zelle aus Materie zusammen, in erschreckend kurzer Zeit.

Es ist die Materie, die so viele Schwierigkeiten macht, denn in der Materie ist das Leben gefangen. Wenn alles, was mit der Ur-Qualität des »Lebens« hereinkam, glückliche und kreative Eigenschaften wären, dann wäre die Aktivität in dieser einzigen Zelle zu diesem Zeitpunkt reine Freude. Das ist jedoch selten der Fall. Vieles in dem so manifestierten Muster ist Chaos und Streß — und eine Zelle ist ein sehr kleiner Raum. Die Empfängnis ist der Bereich, in dem das psychotische Muster entsteht, so wie in der vorgeburtlichen Periode das neurotische Muster entsteht.

Die Empfängnis liegt im Bereich des Mentalen und wirkt sich auf den Kopf aus, auf die mentale Funktion. Der Vorgeburtsbereich liegt in dem Teil des pränatalen Musters, der mit Aktion zu tun hat. Der Empfängnisbereich ist weit oben in einem abstrakten Raum, nahe am Ursprung des Bewußtseins, wo die Realität sich auf der Ideenebene befindet. Der Vorgeburtsbereich ist da, wo die Idee zu einem konkreten Gedankenmuster herangereift ist.

In seiner Entwicklung bewegt sich das Kind durch diese Bereiche hindurch. Wenn der freie Durchgang durch einen dieser Bereiche aus irgendwelchen Gründen behindert ist, so wird es dort festgehalten, und bei der Bildung seines Charakters bekommt diese Entwicklungsphase eine übertriebene Wichtigkeit.

Unbestimmte Ängste sind ein charakteristisches Merkmal für Belastungen während der Empfängnis. Sie sind unbestimmt, weil es bis jetzt noch keine Form für das Lebensmuster gibt; es ist erst eine Idee. Die Aufmerksamkeit des Lebens ist jedoch darauf konzentriert, und zwar um so intensiver, als es noch keine irdischen Einzelheiten aus der Alltagsstruktur des Lebens gibt, die dazwischenkommen könnten. Aus diesen Gründen wirken sich Belastungen in dieser Phase auch negativ auf die Konzentrationsfähigkeit aus.

Nach-Empfängnis

Die Nach-Empfängnis ist der Zeitraum der »Entwicklung«. Hier herrschen Form und Ordnung, die Disziplin des Lebens. Wenn diese Zeitperiode belastet ist, werden dem Kind diese Faktoren fehlen oder sie werden sehr unterentwickelt sein.

Menschen, die mit der Aufgabe des Lebens nicht zurechtkommen oder sich den Realitäten des Lebens fern fühlen, haben ihr Problem hier. Sie sind nicht psychotisch oder neurotisch. Sie haben gewöhnlich eine sehr klare und gute Auffassung vom Leben, sind jedoch nicht fähig, damit voranzukommen.

Vor-Geburt

Die vorgeburtliche Zeit ist eine Phase der Vorbereitung. Die Aufgabe der körperlichen Entwicklung ist abgeschlossen, und die Abenteuer der Nach-Empfängnis liegen hinter einem. Das Kind hat gute Gründe, mit seinen Fähigkeiten für die Zukunft zufrieden zu sein.

Wenn diese Phase jedoch belastet ist und das Kind hier steckenbleibt, so lösen sich all diese Attribute in Nichts auf, und es fühlt nur Frustration und Angst, und zwar eine ziemlich bewußte und reale Angst, keine unbestimmte wie bei der Empfängnis. Es fühlt sich hier in seiner Handlungsfreiheit so beschränkt, daß es nur erstarren kann und sich weigert, weiterzugehen.

Neurose, Introvertiertheit und Handlungsunfähigkeit sind das Resultat von Belastungen dieser Entwicklungsphase.

Geburt

Die Geburt ist eine Phase der Aktivität. Wenn sie belastet ist, so ist die Aktivität des Betreffenden eingeschränkt, was sich jedoch schon aus der vorgeburtlichen Phase heraus entwickelt. Gute, freie Bedingungen in diesem Stadium verleihen dem Kind ein Gefühl von Freiheit und Erfüllung. Gibt es zu diesem Zeitpunkt dagegen Blockaden und Hindernisse, so bringen diese mit Sicherheit beinahe alles zum Stillstand.

Körperliche Merkmale

Vor-Empfängnis

Belastungen der Vor-Empfängnis-Phase wirken sich körperlich auf den Kopfbereich aus. Wir suchen die körperlichen Merkmale immer in dem Körperteil, der nach unserer Unterteilung der jeweiligen Schwangerschaftsphase entspricht. Die Vor-Empfängnis-Phase entspricht dem Kopf und wirkt sich daher auf alle Teile des Kopfes aus.

Alle Gehirnkrankheiten, Hirnhautentzündung zum Beispiel, stammen aus der Vor-Empfängnis-Phase. Wenn die ererbten Züge im physischen Bereich schwach und im mentalen Bereich stark sind, dann kommen Belastungen in der Körperstruktur zum Ausdruck. Das führt zu Disharmonie in den Geweben und, verglichen mit normalen Funktionen, zu Über- oder Unteraktivität, je nachdem ob das Aktionsprinzip (Geburt) behindert oder überaktiviert ist. Behinderung führt dazu, daß die Nahrungszufuhr zum Gehirn beeinträchtigt wird, weil die Kreislaufaktivität gebremst ist. Überaktivität führt zu Entzündungen und Hitze.

Ob die Krankheit nun körperlicher oder geistiger Art ist, ihre Ursache liegt in demselben Prinzip. Wenn der Mensch allerdings starke Drogen gebraucht oder sich irgendwelchen anderen sehr unnatürlichen Praktiken hingibt, die den Körper beeinträchtigen, so wird er krank, ohne daß das sehr viel mit dem pränatalen Muster zu tun hat. Die Muster, die wir hier in ihren Einzelheiten betrachten, sind jedoch die, die mit dem pränatalen Muster zusammenhängen.

Eine detaillierte Beschreibung aller Krankheiten des Kopfes wäre müßig. Uns geht es hier um das Prinzip dieser Behandlungsart, so daß derjenige, der sie ausübt, dann selbst die entsprechenden Zusammenhänge herstellen kann.

Betrachten Sie den Kopf als Ganzes mit all seinen Funktionen, so wie Sie die Funktionen eines Autos oder Fahrrads betrachten würden.

Unnötiger Streß, zum Beispiel, wenn das Hinterrad des Fahrrads schief eingesetzt ist, führt zu einer Disfunktion: Die Kette wird dauernd herabspringen.

Der menschliche Körper hat eine sehr hohe Toleranzgrenze und wird sich den meisten kleineren Belastungen anpassen; zu viele solcher kleineren Belastungen sind jedoch ebenso schlecht wie eine oder zwei große. Es besteht allerdings auf jeden Fall keine Notwendigkeit für überhaupt irgendeine Belastung, und Ziel unserer Arbeit ist es, eben diesen belastungsfreien Zustand herbeizuführen.

Empfängnis

Die Empfängnis geht den Körper als Ganzes an, und wirkt sich nicht auf irgendeinen Einzelbereich aus.

Technisch gesehen beginnt das Leben des Kindes mit der ersten Zellteilung; von unserem Standpunkt aus jedoch ist die Empfängnis der Augenblick, wo das Sperma zur Mitte des Eis vorgedrungen ist. Der Zeitunterschied kann nur eine Stunde ausmachen oder auch zwei bis drei Tage.

Die physischen Auswirkungen von Belastung zum Zeitpunkt der Empfängnis betreffen die Gesamtheit aller Muster während der ganzen Schwangerschaft. Die Empfängnis ist der Eintritt in die Materie; die Zeitperioden, die mit den verschiedenen darauffolgenden Stadien zu tun haben, haben ihr eigenes Muster. Das, was später manifest wird, hat jedoch seinen physischen Ursprung in der Empfängnis.

Nach-Empfängnis

Die Nach-Empfängnis-Phase beginnt mit der ersten Zellteilung, gewöhnlich innerhalb des ersten Tages nach der Empfängnis, wenn nicht schon in der ersten Stunde danach.

Die Nach-Empfängnis-Phase beherrscht den Körperbereich vom oberen Halsende bis zum Zwerchfell. Belastungen in dieser Phase wirken sich auf alle Organe in diesem Bereich aus.

Eine der Hauptfunktionen, die sich in diesem Bereich abspielen, ist der Atemvorgang. Wir können diesen von zwei Gesichtspunkten aus betrachten, dem physischen und dem nicht-physischen.

Physisch können wir den Atemvorgang so sehen, daß hier das »Raum«-Prinzip in Form von Sauerstoff manifest wird; dieser ermöglicht, daß wir auf einer physischen Ebene, nämlich über das Blut, von Lebenskraft durchdrungen werden können. Sauerstoff wird von den Lungen eingeatmet und gelangt durch eine ganz feine Membran hindurch in das Blut. Gleichzeitig werden Abfallstoffe ausgeatmet.

Sauerstoff korrespondiert mit dem Faktor des »Lebens«, und dies ist der nicht-physische Aspekt. Erkrankungen des Atmungsbereiches stehen in Zusammenhang mit diesem Faktor. Ein hierfür charakteristisches Beispiel ist Asthma.

Das Herz befindet sich ebenfalls in diesem Bereich, und es steht auch in Zusammenhang mit dem Blut. Es ist die Pumpe, die das Blut durch den Körper kreisen läßt.

Geistige Unreife, die mit diesem Zeitabschnitt in Zusammenhang steht, kann auch zu körperlicher Unterentwickeltheit in diesem Bereich führen.

Vor-Geburt

Der Zeitabschnitt der Vor-Geburt beginnt um die dreiundzwanzigste Schwangerschaftswoche herum, seine physischen Auswirkungen erstrecken sich auf den Bereich vom Zwerchfell abwärts bis zum Beckenboden. Dieser umfaßt viele Funktionen, nämlich das gesamte Verdauungssystem, das Ausscheidungssystem sowohl der Eingeweide wie auch der Nieren, die Fortpflanzungsorgane und den unteren Teil der Wirbelsäule mit dem Kreuzbein.

Alle diese Teile werden in der einen oder anderen Weise von den

Einflüssen dieser Periode betroffen sein, und die Kreuzbeingegend ganz besonders, weil das Kreuzbein umfangreicher ist als die Lendenwirbelsäule.

Geburt

Die Geburt ist der Zeitraum, den dieser Vorgang einnimmt. Er beherrscht die physische Bewegung und wird sich also in diesem Zusammenhang auf das Nervensystem auswirken, zum Beispiel in einer Lähmung der unteren Gliedmaßen.

Auf welche Weise üben diese Aspekte der Schwangerschaftsperiode eine Wirkung auf die physischen Körperorgane aus?

Die Knochenstruktur des Körpers spiegelt die Muster der pränatalen Belastungen wider, und das, was von der Knochenstruktur ausstrahlt, wirkt auf die anderen Körperorgane. Ein empfindlicher Mechanismus, der im Umfeld einer Hochleistungsmaschine steht, wird von dieser beeinflußt und funktioniert entsprechend anders. Ein sensibler Mensch wird von der Gegenwart eines Menschen von sehr störender Abnormalität beeinträchtigt.

Das Muster der vorgeburtlichen Ereignisse und Einflüsse ist in der Knochenstruktur und insbesondere in der Wirbelsäule, die das Zentrum der Knochenstruktur darstellt, gespeichert. Von diesem Zentrum aus strahlt das gespeicherte pränatale Muster in verschiedener Weise und unter verschiedenen Umständen die Störungszustände aus, die von der ursprünglichen Belastung hervorgerufen wurden. Es ist nicht wichtig, welcher Art diese ursprüngliche Belastung war. Wichtig ist, daß ein Element des Bewußtseins des Betreffenden den Vorfall aufgegriffen und sich damit und mit der entsprechenden Zeit assoziiert hat und daß er nun versucht, dieses Leben zu leben, während ein Teil seines Bewußtseins sich in einem anderen Zeitbereich befindet.

Wir sind von solchen Vorfällen nur dadurch betroffen, daß wir mit unserem Bewußtsein in einer bestimmten Zeit festgehalten sind. Der Vorfall an sich hat aller Wahrscheinlichkeit nach mit dem Betreffenden Menschen nicht das geringste zu tun, er hat ihn aus den Gedankenmustern in Zeit und Raum aufgegriffen, weil darin ein Element der Anziehung oder Assoziation mit irgend etwas aus seinem eigenen Erbe vorhanden ist. Er ist dem Gesetz der Assoziation zum Opfer gefallen und wird blind durch die Umgebung dieses Gedankenmusters geführt, das mit ihm nichts zu tun hat, und erleidet auch die Belastungen, die es vielleicht hervorruft.

Wenn es ein reifer Mensch ist, der sein Leben gut meistert, dann sagt er sich vielleicht: »Das ist ein Haufen schmutzige Wäsche; wem mag die gehören? Aber ich mache mich besser daran und räume sie aus dem Weg.«

Wenn es sich um einen noch nicht so reifen Menschen handelt, dann drückt er sich vielleicht um die Situation. Er tut, was er kann, um ihr zu entgehen, und lehnt die Verantwortung dafür ab. Er kann ihr jedoch nicht wirklich entgehen. Sie ist ein Teil seiner eigenen Natur und wird ihn geistig, körperlich und in seinen Verhaltensweisen beeinflussen.

Körper und Geist sind eins und können nicht unterschieden werden, und diese Muster, die der Natur des betreffenden Menschen entsprechen, werden ihn entweder körperlich oder geistig beeinflussen, je nachdem, welcher der beiden Bereiche in seinem Erbmuster der schwächere ist. Der Vorgang ist in beiden Fällen der gleiche: Die Wirbelsäule ist das Zentrum des pränatalen Musters, und von ihr strahlen diese Einflüsse aus. Alle Organe in der näheren Umgebung des betroffenen Teils der Wirbelsäule werden in den Zustand der Disharmonie einbezogen, woraus Funktionsstörungen und Erkrankungen resultieren.

Das typischste Muster ist das des Kreuzbeins. Das Kreuzbein strahlt Belastungszustände aus, die mit dem Zeitraum kurz vor der Geburt in Zusammenhang stehen — Ängste, Befürchtungen, Aufschiebenwollen und offener Widerstand gegen jede Bewegung, die das Kind erlebt, wenn der Zeitpunkt des Austritts aus dem Mutterleib näherrückt. Dieser Streßzustand ist in den Lendenwirbeln und im Kreuzbein aktiv, und die chaotische Energie, die von diesen Teilen der Wirbelsäule ausstrahlt, zieht alles in ihrer Umgebung in Mitleidenschaft.

Direkt vor dem Kreuzbein liegt das untere Darmende, der Mastdarm. Hier kann es zu Verstopfung kommen, zu offenem Widerstand gegen Bewegung. Vor dem Darm liegen bei der Frau Vagina und Uterus, und jede Frau weiß nur zu gut, welche Schwierigkeiten dort auftreten können.

Verhaltensmerkmale

Wenn die geistigen und körperlichen Charakteristika der Eltern und Vorfahren durchwegs gut sind, im pränatalen Muster aber dennoch eine tiefe traumatische Belastung vorhanden ist, so wird diese sich vermutlich im Verhalten des Betreffenden auswirken. Man könnte sagen, daß dies genauso schlimm ist wie eine geistige Störung, denn auf die Umgebung wirkt es sich ebenso negativ aus. Wir können Hitler als ein extremes Beispiel dafür nehmen: Insofern als er in der Lage war, sein persönliches Verhalten zu beherrschen und sich in Gesellschaft anderer als ziemlich normales Wesen zu präsentieren, könnte man ihn als geistig normal betrachten. Auch körperlich war er mehr oder weniger gesund. Die Muster, durch die er sein inneres Selbst zum Ausdruck brachte, waren jedoch weit entfernt von einem normal zu nennenden Zustand. Verhalten kann in diesem Sinne als Exzentrizität, Eigentümlichkeit und Individualismus definiert werden, und zwar von der mildesten bis zur ausgeprägtesten Form.

Belastungen in den verschiedenen Abschnitten des pränatalen Musters drücken sich im Verhalten auf unterschiedliche Weisen aus.

Vor-Empfängnis

Belastungen in der Vor-Empfängnis-Phase können sich in Despotismus und Gewalttätigkeit ausdrücken, aber auch in Führungsqualitäten und Genialität.

Empfängnis

Bei Belastungen der Empfängnis kann der Mensch zum Einsiedler werden, zum extremen Mystiker oder zum Beispiel zum Anhänger eines weltabgewandten Ordens.

Nach-Empfängnis

Belastungen der Nach-Empfängnis-Phase kommen in den Menschen zum Ausdruck, die voller Ideen stecken, sie jedoch nicht entwickeln können; sie fangen alles an und führen nichts zu Ende. Der ewige Jugendliche ist typisch dafür.

Vor-Geburt

Belastungen der Vor-Geburts-Phase kommen in Flucht vor den Handlungen des Lebens zum Ausdruck. Hierher gehört der Typ des ewigen subalternen Beamten oder auch des Theoretikers, der gleichzeitig faul und voller Energie sein kann.

Geburt

Belastungen bei der Geburt kommen entweder in totalem Aktivismus oder völliger Handlungsunfähigkeit zum Ausdruck.

Denken, Tun und Gehen

Bei der Behandlung geistiger und physischer Leiden durch Pränatale Therapie haben wir immer drei Möglichkeiten. Durch die Arbeit an den Fußreflexen kann der Klient sehr leicht von der Last seiner Beschwerden befreit werden. Diese Behandlung lockert seine physische Struktur und setzt die geistigen Aspekte, die mit der Beschwerde in Zusammenhang stehen, frei.

In den meisten Fällen ist dies allein jedoch nicht ausreichend. Es gibt Fälle, wo eine reine Lockerung der Belastungsstruktur nur Verwirrung und richtungsloses Chaos hervorruft, und der Klient wird deshalb dazu neigen, zu seinem ursprünglichen Zustand zurückzukehren. Was ihm fehlt, um sich wirklich verändern zu können, ist Initiative und die Fähigkeit, die Veränderungen anzupacken. Lockerung allein genügt nicht. Das Muster der Initiative liegt im Verständnis des Klienten für seine Schwierigkeiten. Dieses ist über die Kopfreflexe erreichbar.

Die Kopfreflexe entsprechen in jeder Hinsicht denen der Füße; sie korrespondieren mit den Körperorganen, und wenn sie behandelt werden, hat dies eine Wirkung auf die entsprechenden Organe und Körperteile. Die Art der Wirkung ist jedoch ein wenig anders: Die Arbeit an den Fußreflexen bewirkt eine körperliche Lösung, die Arbeit an den Kopfreflexen eine geistige. Sie setzt im Klienten die Fähigkeit frei, für seine Neuorientierung seine eigene Intelligenz einzusetzen.

Wenn wir hingegen die eigene Fähigkeit des Klienten, seine Schwierigkeiten »in die Hand zu nehmen«, aktivieren wollen, so arbeiten wir an den Handreflexen. Die Handreflexe sind wiederum die gleichen wie die an den Füßen; sie wirken jedoch in der Weise, daß sie im Klienten die Fähigkeit freisetzen, aus seiner sich verändernden Struktur heraus etwas zu tun.

Kurz gesagt geht es in diesen drei Reflexorten um »Denken«, »Tun« und »Gehen«. Der Kopf wirkt auf die Denkfähigkeit, die Hände wirken auf die Fähigkeit, die Sache in die Hand zu nehmen, und die Füße auf die Fähigkeit, sich in Bewegung zu setzen.

Die Handreflexe allein sind bei unserer Arbeit von geringem Wert. Sie haben nicht die Fähigkeit, irgendein Organ oder eine Funktion zu einer Neuorientierung zu bewegen. Die Kopfreflexe allein sind nur begrenzt in der Lage, zu einer Neuorientierung beizutragen. Bei chronischen Störungen des Körpers jedoch ist dies der Fall. Manchmal ist es so, daß eine kurze Behandlung der Kopfreflexe des betroffenen Körperteils diesen aus seinem chronischen Muster in ein mehr allgemeines entläßt.

Die Behandlung

Wenn ein Klient zum ersten Mal zu Ihnen kommt, schauen Sie zuerst seine Füße an. Aus den Füßen erhalten Sie alle Informationen, die Sie über ihn haben müssen. Er wird Ihnen erzählen, warum er gekommen ist und was seiner Meinung nach mit ihm los ist, aber seine Füße zeigen Ihnen das wahre Bild. Die Symptome, die er hat, sind nur das Endergebnis seiner inneren Belastungen, und seine Füße zeigen Ihnen, wo diese sitzen.

Betrachten Sie die Füße zunächst nach physischen Gesichtspunkten: ihre Form, ob und wo diese entstellt ist, die Unvollkommenheiten; Hornhaut, Hühneraugen oder geschwollene Fußballen; Stellen, wo die Schuhe Blasen, Schmerzen oder Druckstellen verursacht haben. Achten Sie auf alle im Kapitel über die physischen Charakteristika der Füße erwähnten Anzeichen. Achten Sie darauf, wo diese Symptome erscheinen , und interpretieren Sie sie in Hinsicht auf die betreffenden Reflexzonen. Interpretieren Sie sie auch im Hinblick auf die drei Prinzipien, die im Kapitel über die Entsprechungen erwähnt wurden: die Knochenstruktur als Grundmuster, die weichen Gewebe als mentale Struktur und die Flüssigkeiten als emotionaler oder Gefühlsaspekt des Lebensflusses.

Beachten Sie nun, außer den physischen Aspekten, alles, was Sie durch die subjektive Sensibilität Ihrer Hände in den Füßen wahrnehmen können. Sie werden auf Stellen stoßen, die totale Disharmonie ausstrahlen, und Ihre Hände werden in wenigen Minuten müde sein. An anderen Stellen empfindet der Klient vielleicht Schmerz, Sie jedoch werden dort nicht unbedingt etwas spüren. Im ersten Fall spüren Sie Energie, die nicht in Bewegung und deshalb chaotisch ist; sie steht natürlich im Zusammenhang mit der entsprechenden Reflexzone. Im zweiten Fall handelt es sich um aktive Energie, die den Klienten stört und dadurch etwas zum Ausdruck bringen will.

Sie können auch noch auf andere Weise erkennen, was in dem Klienten vorgeht: Sie werden oft in Ihrem eigenen Körper Spannungen und Belastungen spüren, die mit dem Klienten zu tun haben. Er empfindet nicht notwendigerweise dieselben Belastungen wie Sie, aber es sind Störungen da, die Sie in Ihrem Körper registrieren. Arbeiten Sie sie durch die Reflexe heraus.

Klienten kommen zu Ihnen, weil sie unter irgendwelchen Schmerzen oder Funktionsstörungen leiden. Für Sie sind diese jedoch nicht das Wichtigste. Ein Klient kommt zu Ihnen, weil er sich in einem Zustand von Störung und Disharmonie befindet. Er möchte natürlich seine Störungen loswerden. Sie sind bei dieser Arbeit jedoch nur an ihm als Ganzem interessiert, an der Tatsache, daß irgendwo in ihm der Lebensfluß ins Stocken geraten ist. Ihre Aufgabe ist es, diesen Fluß wiederherzustellen, so daß er wieder normal funktionieren kann. Sein Störungszustand wird sich dadurch spontan verändern.

Sie können, wenn nötig, von diesem Gesichtspunkt aus auch seine Symptome behandeln. Indem Sie die dem betroffenen Körperteil entsprechende Reflexzone behandeln, können Sie dort eine Veränderung bewirken. Die Behandlung wird die entsprechenden Bereiche entspannen. Entscheidend ist hier jedoch die Einstellung. Wenn Sie Ihre Arbeit nur als Mittel zur Symptombehandlung betrachten, werden Sie dementsprechende Ergebnisse erzielen. Wenn Sie die grundlegenden Prinzipien dieser Therapie verstehen und voll zu schätzen wissen, dann erzielen Sie ebenfalls die ihrer Sicht der Situation entsprechenden Resultate.

Wenn ein Klient zu Ihnen kommt, damit Sie ihn von seinen Rückenschmerzen befreien, Sie jedoch jemand sind, der nur mit dem grundlegenden Aspekt der Situation umgehen kann, nämlich der Tatsache, daß seine Rückenschmerzen auf eine pränatale Belastung zurückzuführen sind, so ist es nutzlos, ihn zu behandeln. Raten Sie ihm, sich an jemanden zu wenden, der eine mehr symptombezogene Sicht der Situation hat.

Sie werden vielleicht sagen: »Nachdem ich nun dieses Buch gelesen habe und mir gesagt worden ist, daß die Symptome auf die Muster pränataler Belastungen zurückzuführen sind, muß ich doch automatisch grundlegend behandeln.« Das ist jedoch nicht der Fall. Es gibt Menschen, die die Dinge nur von einem einfachen und unkomplizierten Standpunkt aus betrachten können. Das schmälert ihre Verdienste nicht. Es heißt nur, daß ihr Denken von elementarer Art ist und daß sie für die verwickelten und oft komplexen Faktoren einer grundlegenden Veränderung kein Verständnis haben, besonders wenn diese sich über einen längeren Zeitraum erstreckt.

Wir müssen uns immer dessen bewußt sein, daß wir bei dieser Arbeit auf eine grundlegende Veränderung des ganzen Musters des Klienten hinarbeiten. Die Behandlung ist sehr leicht auszuführen, und wenn wir sie von einem einfachen und oberflächlichen Standpunkt aus betrachten, brauchen wir von der in diesem Buch vermittelten Theorie sehr wenig zu wissen. Wenn sich jedoch Veränderungen zu zeigen beginnen, und zwar oft Veränderungen, die mit den Belastungsmustern des Betreffenden zu tun haben, dann wird es für uns notwendig, die Prinzipien, die dieser Arbeit zugrunde liegen, zu verstehen. Wir können nicht immer erwarten, daß der Übergang zum natürlichen Funktionieren bei jedem Klienten ganz reibungslos verläuft. Es ist sogar bemerkenswert, daß oft alle geistigen und körperlichen Leiden, die der Klient im Laufe seines Lebens durchgemacht hat, für kurze Zeit, aber mit nichtsdestoweniger störender Gründlichkeit wiederkehren. Dies ist für jemanden, der das zugrundeliegende Prinzip versteht, nicht erschreckend, für den Uneingeweihten kann es jedoch so wirken.

Die Füße sind der Kanal, durch welchen der Aktionsfluß des Körpers und Geistes als Ganzes sich ausdrückt. Die Grundstruktur der Lebenssubstanz wäre bedeutungslos, wenn nicht die Aktion des Ausdrucks dazukäme. Der eine und einzige Fehler, der uns blockiert, ist mangelnde Aktion. Wir haben vielleicht das Gefühl, daß wir ziemlich frei unsere täglichen Arbeiten tun, unter der Oberfläche all unseren Tuns besteht jedoch ein gewisser Grad an Unbeweglichkeit, an Aktionswiderstand, der in dem, was wir tun, Konflikt und Spannung erzeugt. Dieses Muster des Aktionswiderstands kommt in den Fußreflexen zum Ausdruck. Mit unserer Arbeit an diesen Reflexen lösen wir das grundlegende Spannungs- und Streßmuster auf.

Bei einem neuen Klienten und besonders bei Kindern behandeln wir zuerst den Bereich »Vor-Geburt« in der Reflexzone der Wirbelsäule, insbesondere den Punkt, der auf Abb. 26 mit einem Kreuz gekennzeichnet ist. Die Arbeit an diesem Punkt öffnet die Tür zu dem Gefängnis, in dem der Klient gelebt hat; im Muster seines Lebens wird die Bewegung freigesetzt.

Dieser Punkt sagt Ihnen auch, was Sie über das Aktionsprinzip in Ihrem Klienten wissen möchten. Wenn Sie an dieser Stelle viel aufgestaute Energie und Spannung vorfinden, so wissen Sie, daß der Klient

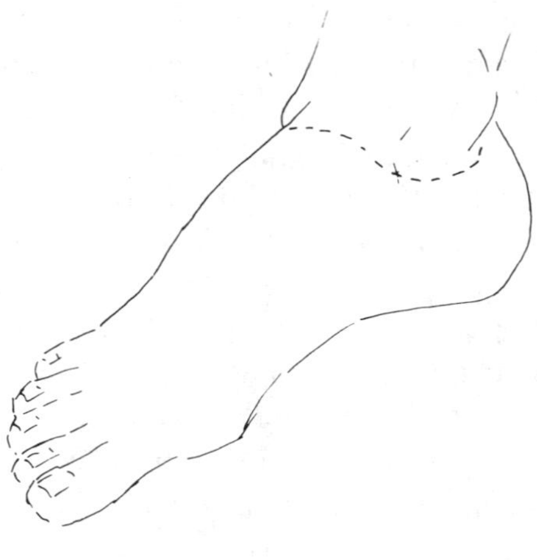

Abb. 26

in allen Bereichen seines Lebens Aktionswiderstände hat. Sie können vermuten, daß er zweifelt und Dinge aufschiebt. Da es hierfür einen Grund geben muß, werden Sie annehmen, daß in einem Bereich, der einem früheren Schwangerschaftsstadium entspricht, weitere Schwierigkeiten vorhanden sein müssen.

Erst wenn Sie ein- bis zweimal an den Füßen gearbeitet haben, werden Sie wissen, ob es angebracht ist, Kopf oder Hände zu behandeln. Sie werden das an der Reaktion des Klienten auf die Behandlung feststellen können. Wenn er beginnt, sich zu verändern, jedoch Angst vor diesen Veränderungen zeigt, unfähig ist, mit den neuen Mustern, die in ihm entstehen, fertig zu werden, oder sonst in irgendeiner Weise frustriert ist, dann können Sie sich zu einer Behandlung entweder der Hände oder des Kopfes entschließen. Wenn er geistig frustriert ist, nicht versteht, was da geschieht, und die Veränderungen in seinem Inneren nicht begreifen kann, so braucht er eine Behandlung am Kopf. Diese wird in ihm die Fähigkeit freisetzen, seine Denkweise in das neue Muster der Veränderung hereinzubringen. Wenn er im Denken keine Schwierigkeiten zeigt, aber die praktische Seite seiner Veränderung nicht integrieren kann, die Dinge, die die Veränderung von ihm erfordert, nicht »tun« kann, dann behandeln Sie die Hände.

Die Behandlung an den Füßen befreit die physische Struktur und die Fähigkeit, mit dem Leben voranzukommen; es ist die Funktion des »Gehens«. Die Behandlung am Kopf befreit die Fähigkeit, die Veränderung mit der Intelligenz zu verarbeiten; es ist die Funktion des »Denkens«.

Wenn man die Füße allein behandelt, so kann das Spannungen und Frustrationen erzeugen, weil die Funktionen »Denken« und »Tun« erst noch geweckt werden müssen. Wenn Sie die Füße noch nicht behandelt haben, sondern mit dem Kopf oder den Händen beginnen, so wird darauf relativ wenig Reaktion erfolgen. Das Hauptaktionsprinzip ist ja noch nicht aktiviert worden. »Gehen« heißt Aktion, und dieses Prinzip erreichen Sie über die Füße.

Bei der Behandlung der Füße gibt es drei Aspekte: die Reflexzone der Wirbelsäule, die das pränatale Muster enthält, den »peripheren Aspekt« dieses pränatalen Musters in den Reflexzonen des ganzen übrigen Skeletts, und den funktionalen Aspekt des Körpers in den Reflexzonen der Muskeln und Organe.

Im pränatalen Muster liegen die grundlegenden Ursachen für die angeborenen Wesenszüge des Klienten. Eine Behandlung dieses Aspekts befreit dieses Muster. Der »periphere Aspekt« ist die Ausweitung dieses grundlegenden Musters in Aktionsprinzipien, in die Funktionen des Denkens, Tuns und Gehens. Davon war im Kapitel über Entsprechungen die Rede. Der funktionale Aspekt des Körpers ist die Manifestation alles dessen in den Organen und Muskeln des Körpers, und damit auch in unserer Geisteshaltung.

Wenn ein Klient zum ersten Mal zu Ihnen kommt, dann ist er voll der Spannungen und Belastungen, die das primäre Muster der Schwangerschaftsperiode in seinem Leben allmählich erzeugt hat. Das ursprüngliche Muster ist vermutlich ganz überdeckt von oberflächlichen Spannungen. Wenn man nur an der Reflexzone der Wirbelsäule arbeitet, kann es eine ganze Weile dauern, bis man sich zum ursprünglichen Muster durchgearbeitet hat. Eine sehr gründliche Behandlung des ganzen Fußes wird jedoch alles entspannen, dem Klienten ein gutes Gefühl geben, und das primäre Muster, das Sie behandeln wollen, an die Oberfläche bringen.

Wenn Sie nur die Symptome behandeln möchten, dann ist es am besten, wenn sie sich an die Reflexzonen der weichen Gewebe halten und die der Wirbelsäule auslassen. Wenn Sie aber zu den grundlegenden Mustern vordringen wollen, dann beginnen Sie mit einer generellen Behandlung, arbeiten sich dann durch die »peripheren Aspekte« hindurch und gehen schließlich an die Reflexzone der Wirbelsäule.

Wenn Sie einen Bereich des Wirbelsäulenreflexes finden, der mit übermäßig viel Streß belastet ist, und daran arbeiten, bis dieser ganz reduziert ist, so entfernen Sie damit tatsächlich eine Blockierung und verändern das relative Funktionsmuster. Sie können auf diese Weise das Stabilitätsgefühl des Klienten ganz erheblich aus dem Gleichgewicht bringen. Er kann mehrere Stunden oder sogar Tage brauchen, um sein Stabilitätsgefühl wieder einzurichten. Wenn Sie die ganze Behandlungszeit dazu benötigen, diese Veränderung in ihm zu bewirken, so können Sie natürlich nicht mehr weiter an ihm arbeiten; wenn Sie jedoch Zeit dazu finden, dann arbeiten Sie noch an den übrigen Bereichen des Wirbelsäulenreflexes, um die Auswirkungen der Veränderung in ihm so weit wie möglich ins Gleichgewicht zu bringen. Wenn Sie es für nötig halten, können Sie auch ein wenig an Kopf und Händen arbeiten, um ein wirkliches Gefühl der Neuorientierung in ihm zu erreichen. Es ist theoretisch möglich, die Veränderungsmuster in einem Klienten in solcher Weise neuzuorientieren, daß er nur positive Veränderung spürt, in der Praxis ist es jedoch oft der Fall, daß stattgefundeneVeränderungen Tage brauchen, um zur Ruhe zu kommen und daß der Klient sich in der Zwischenzeit sehr verwirrt fühlt.

Die Störungen, die er nach der Behandlung durchmacht, sind gewöhnlich die gleichen, die er im Laufe seines Lebens erfahren hat. Wenn er als Kind Magenbeschwerden hatte, so werden diese ein Charakteristikum seiner sich verändernden Muster sein, das entsprechende Streßmuster — Magenbeschwerden — wird an die Oberfläche kommen. In dieser Reaktion gibt es jedoch einen wirklichen Unterschied zu den ursprünglichen Beschwerden: Hier findet eine positive Veränderung statt, und das positive Gefühl dabei ist sehr deutlich. Die Reaktion ist außerdem von begrenzter Zeitdauer.

Wenn seine Schwierigkeiten geistiger Art waren, so werden auch diese geistigen Symptome wieder auftauchen. Das kann sehr störend sein, wenn diese im Grundmuster liegen und nicht manifest geworden sind. Sie waren unter der Oberfläche vorhanden und haben Streßmuster verursacht, und nun kommen sie ans Tageslicht.

Wenn es sich bei dem Klienten um ein zurückgebliebenes Kind handelt, so ist der Verlauf der Behandlung gewöhnlich progressiv und relativ störungsfrei. Die stärkste Reaktion ist oft die, daß das Kind extrovertierter und wagemutiger wird und Dinge tut, die vielleicht ein Baby tun würde, die bei einem fünf- oder sechsjährigen Kind jedoch für die Umwelt störend sein können.

Wenn Anzeichen dafür da sind, daß die Reaktionen des Klienten auf die Behandlung sein Wohlbefinden ernstlich gefährden, so müssen andere Methoden in Erwägung gezogen werden. Sie wollen die Veränderungen, die in ihm stattfinden, nicht unterbinden, aber Sie müssen sich vergewissern, daß diese in sicheren Bahnen verlaufen. Unter solchen Umständen müssen Sie jedoch daran denken, daß der Klient eine innere Veränderung durchmacht und daß jede Bemühung, diese Veränderung durch andere Methoden als die Behandlung selbst zu bremsen, ihn auf das Muster, aus dem er sich herausbewegt, zurückwerfen kann. Die Veränderung wird dadurch komplizierter. Was immer Sie tun, um dem Klienten bei der Stabilisierung seiner Reaktionen zu helfen, es sollte immer eine möglichst natürliche Methode, natürliche Heilmittel oder eine natürliche Technik sein. Homöopathische Mittel, Kräuter oder andere natürliche Heilmittel sollten angewandt werden, wenn die entsprechende Behandlung darauf ausgerichtet ist, den Körper in seinem eigenen Ausscheidungs- und Stabilisierungsprozeß zu unterstützen. Wenn man solche Heilmittel nur dazu verwendet, die Symptome selbst zu verändern, so steht das im Widerspruch zu den Mustern der Veränderung, die der Klient aus sich selbst heraus bewirkt.

Dies trifft auch für alle anderen Techniken, mit den Händen oder auf andere Weise zu heilen, zu. Der Klient hat angefangen, selbst die Initiative für sein eigenes Leben zu übernehmen, auch wenn er im Moment eine Zeit des Chaos durchlebt.

Die Tatsache selbst, daß die Reaktionen auf diese Behandlung sehr positiver Natur sind, bewirkt, daß im Klienten sehr beträchtliche Störungen ausgelöst werden können. Er tut etwas Positives und Kreatives, und er tut es selbst. Bis jetzt war er den Mustern der Belastungen und Störungen in seinem pränatalen Muster unterworfen. Diese werden nun gelöst, und er nimmt sein Wohlbefinden selbst in die Hand. Er ist in dieser Zeit sehr empfindlich auch für subtile Dinge. Wenn er tatsächlich Hilfe braucht, dann vielleicht eine Art Tonikum zur Anregung seiner Körperfunktion und eine positive Umgebung, in der er sich harmonisch verändern kann.

Diese Behandlung kann als eigenständige Therapie angesehen werden. Sie bedarf keiner Unterstützung durch irgendeine andere Art der Behandlung oder durch Medikamente. Ich persönlich sehe es am liebsten, wenn sie auch in dieser Form angewandt wird. Es gibt jedoch sehr viele Menschen, die sich für diese Arbeit interessieren, und die Anhänger anderer Formen der Therapie und geistigen Neuorientierung sind, zum Beispiel der Meditation, und die diese Systeme gerne kombinieren möchten. Das kann durchaus in Ordnung sein, vorausgesetzt, die oben erwähnten Punkte werden berücksichtigt.

Denken Sie daran, dies ist ein System, das die Selbstbestimmung fördert, und wenn es wirkt, dann befreit sich der Betreffende von den Bedingungen, die ihn früher von bestimmten Methoden der Neuorientierung, von stimulierenden und unterstützenden Mitteln und anderen Arten der Hilfe abhängig gemacht haben. Er erhält nun aus sich selbst heraus die richtige Polarisierung; der Fluß des Lebensprinzips ist voll wirksam in ihm. Da er keine Blockierungen mehr in sich hat, gibt es in diesem Fluß keine Belastungsmuster mehr, die Krankheit oder Funktionsstörungen hervorrufen könnten. Er kommt in einen Bereich, wo er seinen Körper und seine geistigen Funktionen vergessen kann — und sie auch tatsächlich vergißt, weil sie zu einem echten Kanal des Lebens geworden sind.

Wenn Sie diese Behandlungsmethode anwenden, sollten Sie daran denken, daß Sie in Wirklichkeit nur die Tür zu dem Bereich öffnen, der den Klienten gefangenhält. Es ist der Bereich seiner eigenen Grundmuster. Ich habe oft die Bemerkung gehört, daß bei dieser Arbeit der Behandelnde die Veränderungen im Leben des Klienten konditioniert. Dies ist jedoch nur in einer ganz bestimmten Hinsicht zutreffend: Der Behandelnde liefert dem Klienten die positive Umgebung, die dieser für seine Veränderung braucht.

Das einzigartige Charakteristikum der Reflexzonenarbeit ist, daß sie nichts anderes tut, als zu lösen, und der Klient tut alles übrige. In jeder anderen Behandlungsform sind es entweder die Medikamente oder die Hände des Heilers, die die Veränderungen für den Klienten herbeiführen. Das ist einer der Gründe, warum die Pränatale Therapie den Klienten so vollständig zur Normalität zurückbringen kann. Alles, was wir aus uns selbst heraus tun, ist grundlegend und unsere eigene Schöpfung. Was andere für uns tun, schafft eine Abhängigkeit in uns und blockiert unsere eigene Initiative und Kreativität.

Wenn ein Klient mit Verstopfung, Unterleibsbeschwerden, Periodenschwierigkeiten, Verdauungsstörungen oder Herzbeschwerden zu Ihnen kommt, so schauen Sie in allen Fällen auf das Prinzip, auf welchem diese Arbeit beruht. Das grundlegende Muster unseres Lebens entsteht während und vor der Schwangerschaft, und diese Zeitperiode manifestiert sich in der Reflexzone der Wirbelsäule. Jede Belastung während der Schwangerschaft ruft eine Art Blockade im Fluß des Lebens durch unsere vitalen Zentren, der durch die Wirbelsäule verläuft, hervor. Diese Blockaden führen zu einem Energiestau und zu Chaos in den betroffenen Körperteilen. Die chaotische Energie strahlt von der Wirbelsäule aus und zieht alle Organe und Muskeln in der näheren Umgebung in Mitleidenschaft. Wir sind deswegen nicht am Organ selbst interessiert, sondern an dem Abschnitt der Wirbelsäule, der destruktive und chaotische Energie in das betreffende Organ ausstrahlt. Und eigentlich ist es auch nicht die Wirbelsäule selbst, mit der wir zu tun haben, sondern die Tatsache, daß sie für den Fluß der Lebensenergie kein wirklicher Kanal mehr ist. Es geht uns vor allem darum, die Blockaden aufzulösen und das Leben wieder fließen zu lassen.

Wenn man vom Mißbrauch des Körpers durch destruktive Lebensgewohnheiten, wie zum Beispiel Drogenkonsum, Rauchen, übermäßigen Alkoholgenuß und übermäßiges Essen, einmal absieht, dann kann man sagen, daß die meisten unserer Schwierigkeiten aus Blockaden im Fluß der Lebensenergie entstehen. Auf der körperlichen Ebene führt die unharmonische und chaotische Energie, welche die Wirbelsäule auf die Organe und Muskeln austrahlt, zum Zusammenbruch der normalen Funktionen der Organe und damit zu Krankheit.

Ein anderer Aspekt dieser unharmonischen Energie kann zu exzessiver Sexualität und sexuellen Abnormalitäten wie Lesbianismus und Homosexualität führen, ebenso wie zu übermäßigem Essen, übermäßiger Herztätigkeit und zu hohem Blutdruck; dasselbe gilt für übertriebenen Intellektualismus und viele andere Merkmale. Die Ausstrahlungen der Wirbelsäule in die Körperorgane aktivieren die betroffenen Teile auf verschiedene Weisen. Wenn die körperliche Konstitution von Grund auf gesund ist, so wirken diese Ausstrahlungen entweder auf der mentalen oder der Verhaltensebene. Sind jedoch sowohl die mentale wie die körperliche Konstitution gesund, so wird nur das Verhalten beeinträchtigt sein.

Ein sehr typisches Beispiel ist die störende Ausstrahlung aus der Lendengegend, dem Kreuzbein und dem Steißbein. Auf der physischen Ebene kann sie Schmerzen im unteren Rücken, Bandscheibenvorfall, Verstopfung, Frauenleiden, Prostatabeschwerden und Hämorrhoiden hervorrufen. Im Verhalten kann sie zu exzessiver Sexualität führen, aber auch zu Lesbianismus und Homosexualität. Echte Homosexualität hat ihre Ursache in einem Konzeptionstrauma, später angenommene Homosexualität kommt aus einer Störung, wie ich sie oben beschrieben habe. Dasselbe Streßmuster kann bei einer Mutter die Geburt ihres Kindes erschweren. Eine Behandlung der entsprechenden Reflexe während der Geburt — am besten am Kopf —, die sie von diesen Spannungen befreit, macht die Ankunft des Kindes sehr viel leichter.

Hinsichtlich bestimmter Gewohnheiten des Klienten — Rauchen, schlechte Ernährung oder irgendeine andere Gewohnheit, die offensichtlich gesundheitsschädigend ist — habe ich selten irgendwelche Ratschläge erteilt, und zwar aus dem einfachen Grund, daß die Klienten meist nach ein paar Behandlungen ihre Gewohnheiten aus eigenem Antrieb verändern. Exzesse jedweder Art sind das Resultat von Belastungen im Grundmuster; wenn man dieses verändert, so ändert der Klient seine exzessiven Gewohnheiten von selbst.

Es ist vermutlich wichtig zu sehen, daß das abnorme Verhalten für den Betreffenden selbst ganz normal aussieht. Wenn sich sein Bewußtseinszustand ändert, wird er auch sein abnormales Verhalten in eines verwandeln, was ihm in dem neuen Bewußtseinszustand normaler erscheint.

Gelegentlich kommt es natürlich vor, daß der Klient vielleicht gar keine Alternative kennt. Es gibt zum Beispiel viele Frauen, die die Pille nehmen, obwohl sie wissen, daß sie ihnen nicht bekommt, aber sie kennen keine Alternative dazu. Unter diesen Umständen bedarf es einer entsprechenden Beratung.

Wenn Sie ältere Menschen behandeln, müssen Sie bestimmte Dinge beachten. Ältere Menschen haben das Muster ihres Lebens fest etabliert und haben es viele Jahre hindurch gelebt. Wenn sie wegen irgendeines kleinen Symptoms zu Ihnen kommen, dann achten Sie darauf, daß die Behandlung eher allgemeiner Art ist, und vermeiden Sie es, tiefsitzende Muster in ihnen aufzurühren.

Ich habe im Verlauf meiner Praxis ziemlich viele ältere Menschen, im Alter zwischen 70 und 85 Jahren, behandelt. In praktisch jedem Fall war die Reaktion die einer Verjüngung; die Haut wurde klarer, die allgemeine Vitalität nahm zu, und sie fühlten sich in jeder Hinsicht wohler. Es waren jedoch einige wenige darunter, bei denen, was immer ich auch tat, tiefsitzende Streßmuster an die Oberfläche kommen wollten. In diesen Fällen schien es mir angezeigt, zu anderen Behandlungsformen überzugehen.

Sie müssen in diesen Fällen unbedingt vermeiden, den älteren Menschen zu einer vollen Reaktion auf die Behandlung zu bringen. Reaktionen sind natürlich und der Ausdruck der in dem Klienten vorhandenen Zustände; der ältere Mensch ist jedoch nicht mehr in der Lage, mit solchen Reaktionen fertig zu werden, und er kommt auch nicht deswegen. Er lebt vielleicht nur noch fünf oder sechs Jahre, und er kommt zu Ihnen, um in diesen Jahren glücklich und harmonisch leben zu können. Wenn Sie merken, daß eine Reaktion hervorgerufen wird, und nichts tun können, um dies zu verhindern, dann ist es am besten, die

Behandlung abzubrechen. Glücklicherweise geschieht das nur sehr selten; die Mehrzahl der älteren Klienten wird in jeder Hinsicht von der Behandlung profitieren.

Kinder reagieren wunderbar. Sie können ein Kind direkt von der Geburt an behandeln und brauchen sich über schwierige Reaktionen keine Sorgen zu machen. Denken Sie an das Prinzip dieser Behandlung: Uns interessiert nicht, was für eine Krankheit der Klient hat oder wie krank er ist; uns interessiert der Mensch selbst und ob das Prinzip des Lebens frei durch ihn fließen kann oder ob es durch pränatale Belastungsmuster blockiert ist.

Wir brauchen deshalb nicht zwischen den verschiedenen geistigen oder körperlichen Krankheiten, an denen ein Kind vielleicht leidet, zu unterscheiden, und es interessiert uns auch nicht, wie es ist. Ein sehr launisches Kind fällt in dieselbe Kategorie wie das zurückgebliebene Kind. Es ist nur ein gradueller Unterschied in den Blockierungen, die den Lebensfluß abschneiden und das Kind seines wahren gesunden Gleichgewichts berauben.

Wir sind schnell bereit, eine Behandlung als etwas zu betrachten, was Kranken vorbehalten ist; wenn wir jedoch unsere Betrachtungsweise gegenüber Krankheit ändern und sie als eine Blockierung sehen, dann erkennen wir auch, daß ein anscheinend normaler Mensch, der sich in diesem Augenblick unadäquat verhält, ebenfalls an einer temporären Blockierung seines Lebensgleichgewichts leidet. Wir können sehen, daß ein Kind, das stiehlt oder lügt, an einem Unsicherheitsgefühl leidet, was nicht notwendigerweise auf seine Umwelt zurückzuführen ist, sondern auf einen gewissen Grad an Unreife und daraus resultierender Unsicherheit, die aus den Belastungselementen in seinem pränatalen Muster stammen. Dieser Zustand bedarf einer Behandlung, damit die Blockaden gelöst werden und das Kind die Möglichkeit zu einer Veränderung bekommt.

Regelmäßige Behandlung des normalen und in jeder Hinsicht gesunden Kindes ermöglicht es diesem, mit einer optimalen Freiheit von den üblichen Gefahren — Krankheiten, Unfälle, übertriebene

Schüchternheit oder Zurückhaltung, Mangel an Selbstvertrauen oder irgendeine andere der vielen Schwierigkeiten, die wir bei Kindern finden — durchs Leben zu gehen.

Anhang

Der Ablauf der Schwangerschaft

Tag	
	Vereinigung der Eltern.
	Vereinigung von Samen- und Eizelle.
	Vereinigung der Gene.
1	Teilung der Zellkerne; der wahre Anfang.
3 - 4	Die Zellen bewegen sich durch den Eileiter.
4	Ankunft im Uterus. 36 Zellen.
6 - 7	Die Zellen bewegen sich im Uterus umher.
7	Einnistung in der Uteruswand. 150 Zellen. Bildung eines hohlen Zentrums. Differenzierung.
9	Beginn des Embryos.
21	Der Embryo ist 3 mm lang und entfaltet sich. Beginn des Herzschlags. Das Gehirn hat zwei Hälften. Entlang des Rückenmarks bilden sich die zukünftigen Wirbel und Muskeln.
25	Arm- und Beinansätze beginnen sich zu zeigen.
26	Arme werden sichtbar.

27 Beine werden sichtbar.

28 Der Embryo ist 9 mm lang. Alle Körperteile sind in rudimentärer Form vorhanden. Das Herz ist proportional sehr groß. Der Blutkreislauf ist von der Mutter getrennt, aber die Ernährung kommt ausschließlich von der Mutter.

31 Die Arme sind in Hände, Unterarme und Oberarme unterteilt.

33 Fingeransätze werden sichtbar. Pigment in der Netzhaut. Das Gehirn ist um ein Viertel größer als zwei Tage zuvor. Die Nasenlöcher werden als erhöhter Rand, der die Nase und den Oberkiefer bildet, sichtbar.

35 Das Ohr wird geformt.

37 Die Nasenspitze wird sichtbar. Zwei separate Luftwege. Der innere Gehörapparat ist ausgebildet. Die Augenlider sind fast vollständig und bewegen sich zum ersten Mal gemeinsam. Der Embryo reagiert auf Reize mit ganzheitlichen Bewegungen.

42 Nerven führen zu den Muskeln. Komplettes Knorpelskelett.

43 Das Gehirn ist dasselbe wie beim Erwachsenen.

44 Die Augenlider bedecken die Augen fast vollständig.

46 - 48 An den Oberarmen verwandelt sich das Knorpelgewebe in Knochen. Ende der Embryophase.

49 Alle inneren Organe sind wie beim Erwachsenen. Das Gehirn arbeitet. Der Magen produziert eigene Verdauungssäfte. Die Zeichnung der Fingerabdrücke ist schon vorhanden. Das Kind hat einen Anfang gemacht und kann vorausschauen; es wird ziemlich aktiv. Es wiegt ca. 30 g.

58 Augenlider und Handflächen werden berührungsempflindlich. Lokale Reaktionen auf Berührung.

63 - 70 Die Anzahl der Nervenverbindungen zu den Muskeln verdreifacht sich. Großer Sprung nach vorn. Voller Gebrauch der Arme; Ellenbogen und Handgelenke können gebogen

werden. Der ganze Körper wird berührungsempfindlich außer den Seiten, dem Rücken und der Kopfoberseite. Die Augenlider reichen über die Augen und verschließen diese bis zum sechsten Monat.

84 Das Kind kann mit den Beinen stoßen, die Füße drehen, die Zehen zusammenziehen und spreizen, eine Faust machen, den Kopf drehen, die Augen zusammenkneifen, die Stirn runzeln und den Mund öffnen. Kiemenatmung. Die Reaktion auf Stimuli ist lokal begrenzt. Es kann den Daumen den Fingern gegenüberstellen. Es kann schlucken und saugen. Ausbildung der Fingernägel. Die Augen rücken näher zusammen, die Ohren kommen zu ihrer normalen Position. Rippen und Wirbel werden zu hartem Knochen. Unterschiede von Jungen und Mädchen werden sichtbar. Ausbildung einer Vorform von Ei- und Samenzellen. Geschmacksknospen und Speicheldrüsen erscheinen. Vollständige Stimmbänder, aber noch keine Stimme, weil die Luft fehlt. Hüften und Saugmuskeln werden gebildet. Die beiden Hälften des harten Gaumens kommen zusammen und vereinen sich. Die Verdauungsdrüsen funktionieren und verdauen Fruchtwasser. Das Kind beginnt, Harn zu lassen.

91 Alle Bewegungen sind nun fließend und harmonisch. Das Verhalten verändert sich. Das Gesicht zeigt erbliche Ähnlichkeiten.

112 plus Das Kind erreicht die halbe Geburtsgröße. Ca. 180 g Gewichtszunahme während des vierten Monats.

140 plus Es wächst um 6 cm und nimmt um 300 g zu; es ist nun ca. 30 cm lang und ein Pfund schwer. Haare, Augenwimpern und -brauen beginnen zu erscheinen. Die Brustwarzen bilden sich. Das Skelett besteht zum größten Teil aus harten Knochen. Harte Nägel an den Fingern und später an den Zehen. Die Mutter nimmt Bewegungen wahr. Die Muskeln entwickeln sich.

168 plus Es wächst um weitere 6 cm auf 36 cm und wiegt ca. 800 g. Ansätze der Zähne beginnen sich zu entwickeln. Fester Griff entwickelt sich. Wenn es geboren wird, kann es 24 Stunden selbsttätig atmen. Es kann die Augenlider öffnen.

195 plus Es nimmt über ein Pfund zu. Haare wachsen lang. Es lutscht am Daumen.

224 plus Die Fingernägel wachsen bis zu den Fingerspitzen. Das Kind liegt jetzt mit dem Kopf nach unten. Es bekommt Immunstoffe von der Mutter, wenn diese die entsprechenden Krankheiten gehabt hat. Diese Immunstoffe reichen bis sechs Monate nach der Geburt aus, aber dann hat das Kind seine eigenen Abwehrstoffe gebildet. Bei einer rhesusnegativen Mutter besteht diese Immunität nicht. Die letzten drei Monate benutzt das Kind zur Gewichtszunahme, zum Stärkerwerden und zum Entwickeln von Antikörpern.

252 plus Eine Woche vor der Geburt hört das Wachstum auf. Die Plazenta wird weniger wirksam, und die Wehenmechanismen beginnen. 75 % aller Kinder werden innerhalb der letzten 11 Tage (der 266 Tage im Mutterleib) geboren.

Das Muster der Schöpfung

Das Grundmuster der Schöpfung dieses Planeten ist auch die Struktur unserer angeborenen Form. Alles Geschaffene folgt gemeinsamen Grundlinien, und keine geschaffene Form ist von irgendeiner anderen sehr verschieden. Das pränatale Muster in uns ist im Prinzip dasselbe wie das des Planeten und enthält, da wir Wesen dieses Planeten sind, dessen Schöpfungsgeschichte.

Bei der Neuorientierung des Selbst durch die Pränatale Therapie kommen diese angeborenen Grundzüge meist an die Oberfläche. Das nun Folgende gibt ein Konzept dieses Grundmusters.

Vor Beginn der Substanz gibt es weder Zeit noch Raum; diese beginnen als Schöpfung eines Motivs in einem Bewußtsein. Unser Anfang liegt also in etwas, was wir als Gedanken verstehen. Wir denken mit unserem Kopf, mit unserem ganzen Körper, dem Magen, den Sexualorganen oder jedem Körperteil, den unser Bewußtsein aktiviert. Wir sind im allgemeinen nicht in der Lage, die Natur des Bewußtseins, aus dessen Gedanken die Schöpfung dieses Planeten entstand, zu begreifen.

Ein Gedanke schafft eine Art Brennpunkt. Dieser Gedankenbrennpunkt schuf Energie, und die Energie erzeugte Substanz. Der Plan oder das Motiv in dem Gedanken gab der Schöpfung ihre Form.

Aus dem Gedankenmuster entstand gasförmige Materie, die immerfort in Bewegung war, denn Veränderung ist das Lebenselement; und diese verwandelte sich allmählich in eine kompaktere Form, eine Energiekonzentration. Wenn Energie konzentriert wird, entsteht Wärme. Die Energie der Gedanken verwandelte sich aus ihrer substanzlosen Form in Substanz. So erschien die Substanz der uns bekannten Form.

Während dieses ganzen allmählichen Prozesses der Konzentration der Gedankenenergie zu Substanz drängen sich die zusätzlichen Faktoren, die Erbanlagen, die mit dem Muster des Schöpfers zusammenhängen, der Form dieser Schöpfung auf. Die Substanz akzeptiert diese Art der Konditionierung. Wir haben gelernt, den Schöpfer dieses Planeten als Gott, und deshalb vollkommen, zu sehen. Wir neigen dazu, diesen Gott zu personifizieren und eine Vaterfigur aus ihm zu machen, die notwendigerweise vollkommen sein muß. Ob diese Grundform nun vollkommen war oder nicht — die Charakteristika, die zu ihr beigetragen haben, sind Gedanken, Energie, Substanz, eine allmähliche Formierung eines individuellen Lebens und Magnetismus, Elektrizität und Energie, wie wir sie kennen.

Die Konflikte, die auf diesem Planeten getobt und gewütet haben, müssen in seinem Urmuster vorhanden gewesen sein, gerade so, wie sie in unserem eigenen angeborenen Muster, das mit der Empfängnis in die Materie kommt, vorhanden sind.

Als die physische Form des Planeten einen gewissen Reifegrad erreicht hatte, begann sie, sich in pflanzliches Leben zu kleiden. Dieses war eine Manifestation von Eigenschaften des ursprünglichen »Gedankens«. Sie wurden zum Mentalen des Planeten, gerade so, wie unser Skelett Ausdruck unseres Grundmusters ist und die Organe und Muskeln, die sie umkleiden, unser mentales Muster ausdrücken.

Während der langen Zeitperiode der Entwicklung der pflanzlichen Struktur des Planeten stand dieser unter einem ruhigen und gemäßigten Einfluß. Der Tumult der Zeit, als die Grundstruktur entstand, war vorüber. Es gab jedoch noch keine Atmosphäre, der Planet konnte nicht atmen; er konnte die Eigenschaften des Sonnenlichts nicht aufnehmen. Seine Individualität hatte gerade erst begonnen, und es war das Pflanzenleben, das am Anfang dieser Individualität stand.

Die meisten Pflanzen sind sehr schön. Ihre Farben und Formen, ihr Duft sind Aspekte dieses Planeten, die zu unserem Wohlbefinden und Glück beitragen. Sie geben uns auch Nahrung.

Aus dem Pflanzenleben entwickelte sich das tierische Leben. Die Pflanzen wuchsen in der Erde und auf der Erde; die Tiere waren getrennt davon. Sie hatten komplexere Körper und die »Geisteshaltung«, die sie verkörperten, war ebenfalls eine komplexere; sie hatten ein individuelles Lebensmotiv. Die Tiere lebten vom Leben der Pflanzen, gerade so, wie die Pflanzen vom Leben des Planeten lebten. Sie alle brauchten das Licht der Sonne. Es war eine ruhige Entwicklungsphase.

Dann geschahen Katastrophen verschiedener Art. In der Geschichte des Planeten hat es mehrere Polumkehrungen gegeben, die zu großen Umwälzungen und Eiszeiten führten. Es sieht so aus, als ob sie ziemlich plötzlich geschahen. Diese großen Krisen waren eine Herausforderung für die Tiere, führten zum Kampf um das Überleben; vermutlich geschah es hier zum ersten Mal, daß die Tiere sich gegenseitig fraßen. Angst trat in das Muster des Lebens ein, und es war der Beginn der Herrschaft des Größeren und Stärkeren über den Schwächeren.

Mit dieser Angst, mit dem Kampf um das Überleben, erschien das erste Element des Krieges — die verschiedenen Tierrudel bekämpften sich untereinander. Als die Lage wieder ruhiger wurde, nahm dieses kriegerische Element jedoch nicht ab; es hatte als Überlebensmaßnahme begonnen, blieb jedoch auf einer bestimmten Ebene als Lebenserleichterung bestehen. Hier kam zum ersten Mal Verbrechen ins Spiel.

Die Entwicklung des Menschen begann, und anscheinend ging diese in zweifacher Weise vonstatten: Es gab eine allmähliche Entwicklung aus dem Tierreich zum menschlichen hin, und es kamen Menschen von anderen Planeten zu Besuch, vollkommen entwickelte Menschenwesen. So ist vermutlich die Idee von Überwesen, Göttern, entstanden, und wahrscheinlich war dies der Beginn des Klassensystems. Über die Hunderttausende von Jahren, die diese Entwicklung dauerte, bildete der Mensch eine Gesellschaftsform heraus, in der die Massen — vermutlich die aus dem Tierreich entwickelten Menschen — einigen wenigen überlegenen Menschen untertan waren. Diese hatten die Macht und die Führerschaft inne, und allmählich entstanden Königreiche, in denen der König die politische Macht innehatte und der Priester die geistige. Aus der geistigen Macht entstanden die Religionen. Sklaverei und Knechtschaft folgten. Das grunsätzliche

Zwei-Klassen-System wurde zu einer Notwendigkeit, um den gewöhnlichen Menschen an seinem Platz zu halten.

Und all das entstand aus dem Ur-Gedanken! Oder sollten wir es von einer anderen Warte aus betrachten? Vielleicht kann man einfach sagen, daß zuerst die Natur, dann die Tiere und später der Mensch irgendwann in ihrer Entwicklung steckengeblieben sind. In der Pränatalen Therapie erkennen wir, daß nur eine Blockierung die Schwierigkeiten verursacht: das Festhalten in der Zeit. Ist das vielleicht alles, was mit den Menschen geschah?

Es gab ungeheure Herausforderungenn. Etwa alle 2400 Jahre gab es eine große Herausforderung durch den Übergang in ein neues astrologisches Zeichen, von einer Denkweise in eine neue. Dies geschieht auch jetzt mit uns, und unsere Lebensweise erfährt einen Umbruch, der mit den Umwälzungen der Erde in vergangenen Zeiten vergleichbar ist.

Wir kennen die Geschichten von Lemuria und Atlantis, etwas aus der geologischen Geschichte unseres Planeten und der geschichtlichen Überlieferung unserer Zeit. Wir können esoterische Konzepte studieren und die Geschichten aus verschiedenen Religionen. Was uns jedoch hinsichtlich der Pränatalen Therapie interessiert, ist, in welchem Ausmaße wir, als Individuen und auch als Rassen und Gesellschaften, in diesen früheren Entwicklungsstadien festgehalten sind.

Vom Standpunkt unserer Arbeit aus betrachtet brauchen wir diese evolutionären Muster nicht zu analysieren, sie lösen sich im Laufe der Behandlung von selber auf. Wenn Sie diese Behandlungsmethode erlernen, dann ist es jedoch von Nutzen, wenn Sie bestimmte Auswirkungen und Reaktionen, die Sie bei den Klienten sehen, erkennen und einordnen können.

Information zur Methode und zu Seminaren:
Robert St. John; Old House; 81 Spixworth Rd.; Old Catton,
Norwich, Norfolk, NR 6 7NQ, England

Bodo Baginski & Shalila Sharamon **REIKI – Universale Lebensenergie**
Reiki wird als jene Kraft definiert, die die Grundlage allen Lebens bildet. Diese universale Lebensenergie kann durch entsprechende Einstimmungen in jedem Menschen geweckt und aktiviert werden, so daß sie als heilende, ordnende und harmonisierende Kraft durch seine Hände fließt. Reiki bewirkt eine Heil-Werdung im ursprünglichen Sinn, denn es führt den Menschen zu einer Harmonie mit sich selbst und den grundlegenden Kräften des Universums zurück. Die Autoren Bodo J. Baginski und Shalila Sharamon beschreiben in diesem Buch ihre Erfahrungen mit der Reiki-Heilkunst bei Menschen, Tieren und Pflanzen. Sie schreiben über den Ursprung und die Geschichte des Reiki, seine Wirkungsweise, wie man Reiki erlernt, erläutern die verschiedenen Anwendungsmöglichkeiten und geben viele nützliche und hilfreiche Tips für die Praxis des Reiki. Darüber hinaus enthält das vorliegende Buch ein Verzeichnis über die Hintergrundbedeutung von über 200 Krankheitssymptomen aus geistiger Sichtweise. **240 Seiten**

Fran Brown **Reiki-Leben – Großmeisterin Takatas Lehren**
Geschichten aus dem Leben von Hawayo Takata.
Reiki ist Lebensenergie. Im Usui-System des Natürlichen Heilens wird diese Energie geehrt und als Leitfaden des täglichen Lebens genutzt. Sie bietet uns eine einfache Möglichkeit, unser leben als eine heilige und ehrenvolle Erfahrung zu verstehen. Die Geschichten in diesem Buch geben Einblick in das Leben einer Frau, die die Reiki-Lehren gelebt hat. Die Geschichten sind komisch und ernst, voller Freude und Traurigkeit, sie geben Aufschluß über das Heranwachsen dieser Meisterin und über ihr tiefes Vertrauen in die Lebensenergie. Sie schildern das Reifen von Takatas Heilkräften und zeigen ihre Bescheidenheit angesichts ihrer Gaben. Von bescheidenen Anfängen entwickelte sie sich zu einer großen und starken Persönlichkeit, von allen, die sie kannten, geliebt und respektiert.
In diesen liebevollen Erinnerungen an ihre Lehrerin hat Fran Brown die farbenfrohen Geschichten gesammelt, die Hawayo Takata während der 35 Jahre erzählt hat, in denen sie die einzig lehrende Reiki-Meisterin war. Die Geschichten geben einen inspirierenden Überblick über Takatas Lehren und schildern die praktischen und spirituellen Aspekte eines Lebens, das dem Heilen gewidmet war. **180 Seiten**

Ron Kurtz **Körperzentrierte Psychotherapie – Die Hakomi-Methode**
Körper und Bewegungen eines Menschen drücken zentrale Anschauungen, Bedürfnisse, Gefühle und Besonderheiten seines Daseins aus. Psychologische Informationen formen den Körper. In Anerkennung dieser Verbindung beginnt die Methode mit der Arbeit am Körper. Besonderes Kennzeichen der Hakomi-Methode ist die genaue Anwendung der buddhistischen Prinzipien von *Innerer Achtsamkeit* — die Aufmerksamkeit wird auf das gelenkt, was jetzt genau vor sich geht — und *Gewaltlosigkeit* — wir unterstützen Abwehr und spontanes Verhalten, lassen entwickeln, anstatt zu konfrontieren und zu bekämpfen. **320 Seiten, ill., geb.**

Gerda und Mona Lisa Boyesen **Biodynamik des Lebens**
Die Gerda-Boyesen-Methode – Grundlage der biodynamischen Psychologie. Jeder Körper reagiert in einer Streßsituation mit Anspannung, aus der der gesunde Körper wieder zu seinem Gleichgewicht zurückfindet. Oft geschieht dies jedoch nicht: Hervorgerufene Gefühle oder Ängste werden nicht ausreichend abgebaut oder verarbeitet, und wir verharren in einem unausgeglichenen Zustand. Die Selbstregulation unseres Organismus findet nicht statt, das Ungleichgewicht manifestiert sich in den Muskeln und unseren inneren Organen; besonders dem Verdauungstrakt. Dieser ist das Hauptregulans für die Freilassung nervöser Energien und besitzt damit die Fähigkeit, Neurosen »zu verdauen« und das vitale Energiegleichgewicht im Organismus zu regeln.
Mit dieser Erkenntnis entwickelte Gerda Boyesen in ihrer klinischen Arbeit die Methode der biodynamischen Psychologie, in der sie die Freudsche Psychoanalyse und die dynamische Physiotherapie mit der Vegetotherapie und Orgontherapie W. Reichs zu einer Synthese vereinte und damit die biologische Basis der Psychodynamik legte. **200 Seiten**

Dr. Malcolm Brown **Die Heilende Berührung**
Die Methode des direkten Körperkontaktes in der körperorientierten Psychotherapie. Dieses Buch führt zu theoretischer Klarheit und zum praktischen Verständnis einer Yin / Yang-Körpertherapiemethode, eingebettet in eine grundlegende, humanistische, tiefgehende Art der Behandlung. Beeinflußt durch C. G. Jung, A. Maslow, E. Neumann, C. Rogers und D. H. Lawrence entwickelte Brown seine Methode der Lösung der chronischen Muskelspannung und der Reaktivierung der natürlichen geistig / spirituellen Polaritäten der verkörperten Seele und transzendierten Psyche.
340 Seiten, 30 Abb., geb.

Don Johnson **Rolfing und die menschliche Flexibilität**
Der Körper ist flexibel, ein fließendes Energiefeld, das vom Moment der Empfängnis bis zum Tod in einem Prozeß der ständigen Veränderung ist. **Inhalt u. a.:** Beschreibung von Rolfing-Sitzungen, Rolfing und die anatomischen Grundlagen; soziales Verhalten und die Auswirkungen auf den Körper ... **164 Seiten, ill.**

Robert St. John **Metamorphose – Die pränatale Therapie**
Die Methode basiert auf einer überlieferten chinesischen Behandlungsweise der Füße. R. St. John entdeckte in bestimmten Bereichen der Füße Verbindungen zur vorgeburtlichen Phase, in der Energiemuster unser Sein geprägt haben. Durch eine sachgemäße Behandlung des Reflexbereiches der Wirbelsäule an Füßen, Händen und Kopf werden auf natürliche Weise Sperren und Grenzen des Bewußtseins aufgehoben und die ursprünglichen Kräfte der Psyche wieder freigesetzt.
160 Seiten, ill.

Reinhard Flatischler **Die Vergessene Macht des Rhythmus**
Reinhard Flatischler hat aus schamanistischen Traditionen ein System entwickelt, das mit Sprachrhythmen, Klatschen, elementaren Tanzformen und Gesang jeden die Erfahrung der Rhythmuselemente in seinem eigenen Zeitmaß machen läßt. Diese grundlegenden Erfahrungen sind auf alle Musikinstrumente übertragbar. Sie sind in der Rhythmik jedes Kulturkreises zu finden und haben psychische Wirkungen, die für alle Menschen gleich sind. Davon ausgehend werden wir die Rhythmuswelten Afrikas, Indiens, Koreas, Brasiliens und Kubas aus ihren Elementen kennenlernen, und selbst den Stellenwert finden, den die Rhythmen dieser Kulturkreise für unser tägliches Leben in Europa haben.
228 Seiten, Fotos u. Grafiken, Farbbildteil, geb.; Kassettenkurs (3 Kassetten) separat erhältlich

Reinhard Flatischler **TA KE TI NA – Der Weg zum Rhythmus**
Rhythmus ist die Kraft hinter allen Dingen. Sie vereint die unterschiedlichsten Gebiete des Lebens. Rhythmus schenkt uns Vertrauen ins Leben und in uns selbst. TA KE TI NA ist der Weg, auf dem alle Aspekte von Rhythmus als Einheit erfahren werden können. Es ist eine Synthese aus dem rhythmischen Wissen vieler Kulturkreise und zeigt in konsequenter Systematik, wie Rhythmus für jedermann erlernbar ist. Die mit TA KE TI NA gemachten Rhythmuserfahrungen sind auf alle Musikinstrumente übertragbar, und der Musiker kann in diesem Buch eine neue Quelle zum Komponieren kreativer Rhythmen finden. Ein Einstieg in die körperliche und geistige Erfahrung von Rhythmus geben.
160 Seiten, ill.; Kassette oder CD separat erhältlich

Burkhard Schroeder **AtemEkstase · Rebirthing**
lehrt Dich das Annehmen allen Seins · Einlassen auf bewußtes Atmen in seiner ursprünglichen Form · Loslassen · Auftauchen ins Leben · Reiten auf den Wellen Deiner Ekstase · Verschmelzen mit dem SEIN · Dich und diese Schöpfung zu lieben.
Rebirthing ist eine wirkungsvolle Methode zur körperlichen, emotionalen und geistigen Reinigung und ein effektiver Weg persönlichen Wachstums. Ein gewaltloser Weg, der Dich lehrt, Deiner Energie zu vertrauen, mit ihr zu fließen, loslassen, zu tun durch Nicht-Tun. Dein Atem wird Dir helfen herauszufinden, wer Du bist, Dich anzunehmen und Dein Herz zu öffnen für Schönheit und Ruhe, Lebendigkeit und Lebensfreude. **128 Seiten; angeleitete AtemEkstase-Kassette separat erhältlich**

A. Wallace, B. Henkin **Anleitung zum geistigen Heilen**
Die Autoren beschreiben — auf dem Erfahrungsgrund der Humanistischen Psychologie —, wie sie zum Heilen angeleitet worden sind, ihre Erfolge und die Grenzen dieser Kunst, andere zu heilen. Darüber hinaus zeigen sie eine umfassende Reihe einfacher Übungen für den Anfänger auf und fortgeschrittene Techniken für den, der sich schon mit geistigem Heilen beschäftigt. In der praktischen Anleitung zeigen sie die Beziehung des Heilens zum Vertrauen, zu Weltanschauungen, Träumen und kosmischer Bewußtheit auf. **228 Seiten**

Bob Toben **Raum-Zeit und erweitertes Bewußtsein**
Toben diskutiert in eingehend grafischer Darstellung mit den Physikern J. Sarfatti, C. Suares und F. Wolf in einer verständlichen Wissenschaftssprache die Abhängigkeit unserer Vorstellung vom Universum durch unsere Sinne. **Themen u. a.:** Psychokinese, Lichtbiegen, Materialisation, Astral-Reise, Wissen aus dem Universum, Reinkarnation, Aura, Telepathie, Telekinese, Levitation, Geistheilung. **180 Seiten, ill.**

Richard S. Heckler **Aikido und der Krieger des neuen Bewußtseins**
Meister Uyeshiba, Begründer des Aikido, lehrte eine Kampfart, die die innere Kraft des Menschen stärkt, ohne Rivalität und Streit. Durch die im Aikido entwickelten Methoden zeigt er eine Alternative zu unserer derzeitigen Form des erdrückenden Militarismus, bzw. eines aufopfernden Pazifismus auf. Das Elementarste an Meister Uyeshibas Aikido aber ist der spirituelle Pfad, der die Menschen lehrt, ihr Ki, ihre Energie mit dem Ki des Universums zu verbinden, um in einer Welt der Harmonie, Zentriertheit und des Mitgefühls zu leben. **176 Seiten, ill.**

Roger Hicks und Ngakpa Chögyam **Weiter Ozean – DALAI LAMA**
Diese autorisierte Biographie ist die erste Aufzeichnung des Lebens Seiner Heiligkeit seit seiner Autobiographie »Mein Leben und mein Volk« (1962). Es ist auch die erste Darstellung der Leben der vorhergehenden dreizehn Dalai Lamas, die einem breiteren Publikum zugänglich ist. **240 Seiten, 31 z. T. bisher nicht veröffentlichte Fotos**

Hazrat Inayat Khan **Das Erwachen des menschlichen Geistes**
Die Botschaft des Autors beginnt und endet mit der Aussage, daß es nicht ausreicht, im Geistigen zu leben; was wir heute benötigen, ist ein *menschlicher* Geist. Es ist die Erweckung des Geistes im Menschen auf der Suche nach der Wahrheit. Diese Unterweisungen Hazrat I. Khans beschreiben die Folge der inneren Entwicklungsphasen, die der einzelne auf der Suche nach der geistigen Wirklichkeit durchläuft. **224 Seiten, zahlreiche Fotos**

Pir Vilayat Khan **Der Ruf des Derwisch**
Pir Vilayat Khan ist Leiter des Sufi-Ordens im Westen, der von seinem Vater Hazrat Inayat Khan gegründet wurde. Er ist bestrebt, den Weg und die Essenz der Sufi-Tradition besonders dem westlichen Menschen erlebbar zu machen.
224 Seiten

Benjamin Hoff **Tao Te Puh – Das Buch vom Tao und von Puh, dem Bären**
Was für ein Puh? *Was* für ein Tao? Das Tao Te Puh! . . . in dem uns enthüllt wird, daß einer der größten taoistischen Meister nicht etwa ein Chinese ist, auch kein altehrwürdiger Philosoph . . . sondern wirklich und wahrhaftig kein anderer als der absichtslos in sich ruhende, einfältige kleine Bär. **160 Seiten, ill.**

Affirmationen – »Ich mag mich selbst«
Eine Affirmation ist ein positiver, schöpferischer Gedanke, um deine negativen Glaubenssysteme und Denkmuster zu verändern. Affirmation heißt das Leben bejahen und deinem Denken eine Idee über das Ziel zu geben.
28 Seiten, Büttenpapier

Erik Sidenbladh **Wasserbabys – Geburt und Entwicklung in unserem Urelement**
Der sanfteste Übergang vom Mutterleib in die Außenwelt ist die Geburt unter Wasser. Frühes Training im Wasser bewirkt bei den Kindern eine bessere und schnellere Koordination der Bewegungen und Körperfunktionen. Die zahlreichen, außergewöhnlichen Aufnahmen verstärken Tjarkovskijs Erfahrungen, daß das menschliche Potential besser entwickelt werden kann, wenn wir lernen, Wasser ohne Angst zu akzeptieren.
156 Seiten, durchgehend vierfarbig ill., geb.

Astro-Tafel – Der Weg zur Astrologie

»ALL-EIN-SEIN heißt eins sein mit dem All. Die Schwingungen des Alls wahrnehmen und sich auf diese Schwingungen einzustimmen heißt sein Leben, oder einfach sich selbst, mit dem All in Einklang bringen. Ist die Person (lat. persona, von per-sonare = durch-tönen, zum Erklingen bringen) im Einklang mit dem Kosmos, so resoniert der Kosmos in ihr, der Kosmos findet seinen Wiederhall in der Person. Wird man sich dessen bewußt, hat man kosmisches Bewußtsein erreicht.« Wohl die umfassendste farbige Informationskarte zum Thema Astrologie und Harmonik. Außer der allgemeinen Beschreibung der Wirkweise der einzelnen Tierkreiszeichen, Planeten, Aspekt- und Himmelspunkte wird auch die Methodik der Verknüpfung dieser astrologischen Elemente zur Deutung erklärt und ausgeführt. Auch die Zuordnung der Töne zu den Planeten sowie der musikalischen Intervalle zu allen Aspekten, wie auch deren farbliche Zuordnungen, können der Karte entnommen werden.

13-Farb-Druck (DIN A2) auf besonderem Qualitätspapier, mit Begleitheft

Lee Sannella **Kundalini-Erfahrung & die neuen Wissenschaften**

In einem verdunkelten Raum sitzt ein Mann allein. Sein Körper wird von Muskelkrämpfen geschüttelt. Unbeschreibliche Empfindungen und stechende Schmerzen schießen von seinen Füßen ausgehend durch Beine und Rücken bis zum Hals. Er hat das Gefühl, sein Schädel würde zerspringen. Im Inneren seines Kopfes hört er tosende Geräusche und hohes Pfeifen. Seine Hände brennen. Er glaubt, sein Körper müsse innerlich zerreißen. Dann plötzlich lacht er und wird von Glücksgefühlen überwältigt.

Ein psychotischer Anfall? Nein, dies ist eine psycho-physische Transformation, ein Prozeß der »Wiedergeburt«, der ebenso natürlich ist wie eine physische Geburt. Pathologisch erscheint dieser Vorgang nur, weil die Symptome nicht zum Ergebnis in Beziehung gesetzt werden: zur psychischen Transformation eines Menschen. Wenn dieser Prozeß ungestört zum Abschluß gelangt, kann ein tiefes psychologisches Gleichgewicht erreicht werden, ein Zustand innerer Stärke und emotionaler Reife.

Sannellas Buch ist unentbehrlich auf dem Weg des tieferen Verstehens von mystischen Erfahrungen und Momenten des erweiterten Bewußtseins. **160 Seiten**

Stuart Perrin **LEAH – Die Geschichte einer meditativen Heilung**

»Als ich Leah das letzte Mal sah, war sie voller Leben, strahlend und bezaubernd schön. Ich war überzeugt, daß sie zu einem besonderen und äußerst ungewöhnlichen Menschen heranwachsen würde. Der Gedanke, daß sie von Krebs befallen war, lag jenseits meiner möglichen Phantasien.

Die Ärzte gaben ihr noch drei Wochen zu leben. – Drei Wochen können eine Ewigkeit sein, wenn man den Moment lebt. In dieser Zeit mußte ich eine neue Logik entdecken, eine, die den Tod entwaffnete und das Unmögliche möglich machte.«

Die dramatische Erzählung eines Heilungsprozesses. LEAH basiert auf einer erlebten Geschichte – die Bemühung eines spirituellen Lehrers, ein junges Mädchen in ihrem Kampf gegen ihren Krebs zu unterstützen. **120 Seiten**

Ken Dychtwald **KörperBewußtsein**

Basierend auf den Arbeiten von W. Reich, I. Rolf, M. Feldenkrais, F. Perls, W. Schutz, A. Lowen, St. Keleman, R. Kurtz u. a. und verschiedenen Yoga-Richtungen, verbindet Dychtwald deren Erkenntnisse mit einer Vielfalt von östlichen und westlichen Einstellungen zur Entwicklung des KörperBewußtseins. Es ist das zur Zeit umfassendste und leichtverständlichste System zur Bewußtwerdung und Diagnose des KörperBewußtseins. KörperBewußtsein von K. Dychtwald ist ein hervorragender Einstieg in das, was wir »Körperlesen« nennen. D. h., durch die Wahrnehmung, wie sich jemand »trägt« oder mit seinem Körper umgeht, erfahren wir mehr über diese Person, als wir sehen. KörperBewußtsein hilft, sich und andere besser »wahr« zu nehmen, indem es aufzeigt, wie der menschliche Körper eine lesbare Karte seiner persönlichen Geschichte ist. Darüber hinaus gibt Dychtwald einen Einblick in verschiedene Körpertherapie-Methoden. Ein lebendiges, gut zu lesendes und sehr menschliches Buch. **320 Seiten, 46 Abb.,**

Georg Schäfer und Nan Cuz **Im Reiche des Mescal – Ein kosmisches Märchen**

Wandere mit Schwarzhaar und dem Schamanen durch Metaphern deiner inneren Welten zum Licht der Erkenntnis . . .
Schwarzhaar war ein Träumer, und die Mutter hatte ihre Sorgen mit ihm, denn statt Netze zu flicken oder Brennholz aus dem großen Wald zu holen, lag er am Strand und schaute stundenlang in den Himmel. »Was wird denn hinter den Sternen sein?«, so dachte er, »und wo beginnt das Reich der Götter und wo endet es?« Über solche Gedanken geriet er ins Grübeln und vergaß alles, was ihm die Mutter aufgetragen hatte . . .

40 Seiten, Großformat, vierfarbig, gebunden

Cousto **Die Kosmische Oktave**

Der Weg zum universellen Einklang. In diesem Buch sind alle Schritte erläutert und formalisiert, um aus astronomischen Beobachtungsdaten die Rhythmen und die Stimmtöne der Erde, des Mondes und der Planeten herzuleiten. Ebenso sind die Berechnungsmethoden zur Feststellung des Sonnentones oder auch der Klänge einer Horoskopvertonung dargelegt. **240 S., 50 Grafiken, zahlreiche Tabellen, 32 S. wissenschaftl. Anhang, 15 Farbtafeln, geb. und Paperback**

Ulrich Sollmann (Hrsg.) **Bioenergetische Analyse**

Autoren und Themen: *A. Lowen:* Der Wille zu leben und der Wunsch zu sterben; *R. Robins:* Der rhythmische Zyklus und Widerstand; *E. Muller:* Auswirkungen des Berührens; *H. Petzold:* Der Schrei in der Therapie; *L. Rablen:* Das gespaltene Ich. Krebs und Probleme der Selbstabgrenzung; *A. Kloppstech:* Frauenarbeit mit krebskranken Frauen; *P. Boyesen:* Psychodynamische Analyse; *U. Sollmann:* Prozeßanalytische Körperarbeit in der Gruppe; *E. Svasta:* Jan Velzeboer und die Bioenergetische Analyse; *R. Steiner:* Die energetische Verbindung von Körper und Geist; *R. C. Ware:* C. G. Jung und der Körper — vernachlässigte Möglichkeiten der Therapie? etc. **252 Seiten**

Ernest L. Rossi **Die Psychobiologie der Seele-Körper-Heilung**

Neue Ansätze der therapeutischen Hypnose. Ist es wirklich möglich, über die Seele eine körperliche Krankheit zu heilen? Gibt es tatsächlich eine Verbindung zwischen den Genen und der Seele, mit deren Hilfe unsere Gedanken und

Gefühle die Heilung unterstützen können? Ja, sagt der Autor, und führt uns in die faszinierende Welt der Psychobiologie ein, die die derzeitigen Ansätze innerhalb der Medizin und der Psychologie auf revolutionäre Weise verändert. Rossi zeigt neue Möglichkeiten auf, wie die Heilung von Krebs, Asthma, rheumatischer Arthritis, krankhaften Stimmungsschwankungen und einer Vielzahl anderer psychosomatischer Störungen unterstützt werden können. Sein anschauliches Konzept, wie man Symptome in Signale und psychische Probleme in schöpferische Hilfsquellen umwandeln kann, ist überzeugend, denn es ermöglicht intuitiv zu spüren, daß wir alle den Schlüssel zu unserer Gesundheit und zu unserem Wohlbefinden in uns tragen. **312 S., zahlreiche Tabellen und Abb., Hardcover**

David K. Reynolds **Die Stillen Therapien**

Japanische Wege zu persönlichem Wachstum. Mit diesem Buch stellen sich eine Reihe von Psychotherapien und therapeutischen Methoden dem europäischen Leser vor, die von einem völlig anderen Verstehen des Menschen ausgehen. Während wir im Westen Therapie oft nur als Symptombekämpfung verstehen, ist im östlichen Denken die Befreiung des Geistes als Ganzes im Vordergrund. Damit stehen Die Stillen Therapien im Zentrum der neuen geistigen Bewegung – der Sehnsucht nach Ganzheit, Re-Integration, nach der unmittelbaren Erfahrung des eigenen Selbst.
In diesem Buch finden Sie klare, praktikable und energievolle Wege zu sich selbst. **160 Seiten**

Rosalyn L. Bruyere **CHAKRAS – Räder des Lichts – Einführung**

Dieses ist das Grundlagenbuch für jeden, der über das esoterische Wissen hinaus Einsicht und Wissen in die Funktionen der Chakras und der feinstofflichen Energiefelder erlangen möchte. In diesem Einführungsband wird die Natur der Chakras untersucht und eine Übersicht gegeben. Mit den folgenden sieben Bänden, jeweils einem Chakra zugeordnet, wird dieses Werk die bisher umfassendste Beschreibung der feinstofflichen Energien und des Chakrasystems sein.
Jedes der sieben Primärchakras ist ein »Rad des Lichts«, ein sich drehendes, farbiges, elektromagnetisches Feld. Zusammen erzeugen diese sieben Felder die Aura des Menschen. In alten Überlieferungen schon gibt es verschiedene Beschreibungen dieser Energie- oder Lichtfelder, die aus dem physischen Körper strömen. Doch erst in neuester Zeit hat die Wissenschaft die Existenz der feinstofflichen Energien und der Aura bestätigt. **144 Seiten, großformatig**

Rosalyn L. Bruyere: **CHAKRAS – Räder des Lichts. Band 1. Das Wurzelchakra**

Kapitelinhalte: I Vitalität, II Kundalini, Sitz des physischen Körpers, III Die Kraft des Feuers, IV Sexualität, Kundalini und Karma, V Die Wissenschaft und die Chakras, VI Krankheiten und Dysfunktionen. **144 Seiten, großformatig**
Alle Bände durchgehend mit Fotos, Zeichnungen, wissenschaftlichem Begleittext und Übungen.

Stamboliev **Den Energien eine Stimme geben**

In der Voice-Dialogue Methode werden Energiemuster des Menschen als eigene Persönlichkeiten angesprochen und aktiviert – den Energien wird eine Stimme gegeben, sich mitzuteilen. Die Fähigkeit des Voice-Dialogue Therapeuten, sich auf den Prozeß einzustimmen und mit seinen eigenen entsprechenden Energiemustern mitzuschwingen, ermöglicht dem Klienten ein intensives Erfahren, Erkennen und Integrieren der psychisch-emotionalen Realität dieser Muster.
Stamboliev gibt auch einen Überblick über die Lehre des T'ai-chi-ch'uan und über verschiedene esoterische Systeme, um dem Voice-Dialogue Therapeuten zu helfen, eine größere energetische Sensibilität der Methode gegenüber zu entwickeln.

Thomas Armstrong **Die Spiritualität des Kindes**

Pädagogik für ein neues Bewußtsein. Anhand zahlreicher Beispiele aus Literatur und Wissenschaft, Mythologie und Erfahrung zeichnet der Autor ein Bild vom zweifachen Wesen des Kindes: „Es gehört sowohl zum Himmel wie zur Erde, und es tritt als Brücke zwischen Licht und Dunkel, Körper und Geist, Ich und Selbst, Mensch und Gott in unser Leben. Das spirituelle Kind singt und tanzt diese Ganzheit mit jeder Faser seines Seins. Wir alle täten gut daran, zuzuhören. Und noch besser daran, mitzusingen und mitzutanzen!" **192 Seiten**

Helmut G. Sieczka **CHAKRA-KASSETTE. Energie und Harmonie durch den Atem**

Unser Atem ist die wichtigste Brücke zwischen dem Körper und der Seele. Der Atem ist die Verbindung von Innen und Außen, vom Individuum zum Universum. Die sieben feinstofflichen Energie- und Bewußtseinszentren, den sogenannten Chakren, fließt unsere Lebensenergie.
Mit diesen zwei praktischen Atemübungen können Sie Störungen auf der energetischen, körperlichen und geistigen Ebene ausgleichen und harmonisieren. **Spieldauer: je Seite ca. 42 Minuten**

David V. Tansley **RADIONIK – Energetische Diagnose & Behandlung**

Radionik ist ein System der Diagnose & Behandlung, das die menschliche Fähigkeit der übersinnlichen Wahrnehmung direkt mit einbezieht, um somit die tiefliegende Bedeutung der Krankheit in einem lebenden Organismus zu erkennen. Diese Kunst des Heilens entwickelte sich aus einem Bereich der medizinischen Forschung von Prof. Dr. A. Abrams, der aufzeigte, daß Leben — und somit auch Krankheit — schwingende Energie ist, die energetisch behandelt werden kann. Die moderne Physik bestätigt dieses Modell seit langem. Radionik kann in jeder Therapieform praktiziert werden. Überwiegend wird sie in Verbindung mit Homöopathie, Schüssler-Salzen und der Bach-Blütentherapie angewandt. Radionik ist ein sanfter Ansatz zur Heilung, frei von den unliebsamen Nebeneffekten der herkömmlichen medikamentösen Therapie. David Tansley, die führende Autorität auf dem Gebiet der Radionik, beantwortet in diesem Buch u. a.: Wie arbeitet Radionik? Wie kann ein Therapeut die Diagnose stellen und die Behandlung ausführen, ohne den Patienten zu sehen? Was umfaßt eine Radionik-Diagnose? Welche Krankheiten können mit dieser Methode behandelt werden?
100 Seiten

David Tansley **Die Aura des Menschen**
Energiefelder in der Diagnose
Die menschliche Aura ist etwas, das die meisten von uns bisher nur vage wahrgenommen haben, und dennoch ist es, wie dieses Buch zeigt, möglich und auch wichtig, sich der eigenen Aura und der anderer Leute deutlich bewußt zu sein. David Tansley greift auf die Forschungen und Beobachtungen sowohl von Wissenschaftlern als auch von hellsichtigen zurück, erklärt die Bedeutung der Farben, die man in der Aura sieht, und beschreibt das Verhältnis von Aura, Chakras und feinstofflichen Körpern. Er warnt vor der physischen und psychischen Verschmutzung der Aura und beschreibt Übungen, mit denen die Aura gereinigt werden kann. Dieses Buch leitet uns zum Erwecken unserer latenten Fähigkeit, die Aura zu sehen, zu fühlen und zu interpretieren; es zeigt, wie wir das noch weitgehend ungenutzte Potential der Aura für Medizin und Heilarbeit entfalten können. **zahlr. Abb., 240 Seiten**

David Tansley **Auren, Chakren und die Sieben Strahlen des Lebens**
Radionik ist eine Heilkunst ohne Grenzen. Es umfaßt das Spektrum des menschlichen Geistes und seiner Kraft, zu heilen. „Dieses Buch bietet den Grundstein, auf dem Praktiker bauen können, nicht nur in der Radionik, sondern auch in der Sozialarbeit und -beratung, der Psychotherapie, Medizin und Heilung." *H. Korteweg*

David Tansley **Der Feinstoffliche Mensch**
Radionik in der energetischen Behandlung
Radionik ist eine Diagnose- und Therapiemethode, die vorrangig über die feinstofflichen Kraftfelder und Energiezentren die Untersuchung und Behandlung von Krankheitsursachen ausführt.
Tansley gibt ein einfaches und zugleich praktisch anwendbares Bild der feinstofflichen Anatomie des Menschen, dem Informationsträger unserer Existenz – und damit Basis für Heilung und Gesundheit. **zahlr. Abb., 160 Seiten**

Notizen

Notizen

Notizen

Notizen

Notizen

Notizen